ガイドブック

奥田 均 編著
Okuda Hitoshi

部落差別解消推進法

解放出版社

装丁●森本良成

はじめに

　部落差別解消推進法が参議院本会議で可決された二〇一六年一二月九日のそのとき、私は二〇一八年一月に神戸《こうべ》市で開催される「第三二回人権啓発研究集会」の実行委員会結成会議に参加していた。会議の途中に、地元実行委員長である坂本三郎《さかもとさぶろう》・部落解放同盟兵庫県連合会委員長の携帯電話が鳴り、法案可決の第一報が入った。それを知った各界の参加者からは、「ほぉー」という安堵《あんど》のため息とともに、「やったー」という声にのって拍手が巻き起こった。部落解放実現への熱い思いと、この法律にかける期待があふれ出た瞬間であった。

　今回の法制定への端緒を切り開いたのは、二〇一五年一一月一六日に東京で開催された「人権課題解決に向けた和歌山県集会」であった。集会実行委員長は和歌山県選出の二階俊博《にかいとしひろ》・自民党総務会長（当時）が務め、そこでの決議が今回の法制定への号砲となった。法案は、二〇一六年五月一九日に自民・公明・民進の三党の議員立法として衆議院に提出されたが、継続審議となり、秋の臨時国会へと引き継がれた。再開された国会では、一一月一七日に衆議院本会議で可決、付託された参議院では、法務委員会に部落解放同盟中央本部の西島藤彦《にしじまふじひこ》・書記長が参考人として出席し、部落差別の現実を訴えた。こうして一二月九日に参議院本会議で部落差別解消推進法は可決・成立し（賛成二二〇、反対一四）、翌週一六日に公布され、即日施行された。

　戦後の部落問題に関する法律の歩みは決して平坦《へいたん》ではなかった。一九四七年に日本国憲法が施行されたが、約二〇年間、憲法の理念は部落の上を素通りした。差別行政糾弾闘争と国策樹立を求める市民運動の力は一九六五年に同対審答申を勝ち取った。しかし答申が求めた三つの法律（規制法、救済法、事業法）は、事業法のみが達成されたにとどまった。この間、一九八五年に部落解放基本法案が提案されたが、実現したのはその教育・啓発法的部分としての「人権教育・啓発推進法」（二〇〇〇年）だけであった。「人権擁護法案」や「人権委員会設置法案」は、国会に上程されたものの、衆議院解散によりいずれも廃案となった。

細々と続いてきた「地対財特法」も二〇〇二年三月に期限切れを迎え、三三年間におよぶ事業法時代に幕が下ろされた。こうして部落問題に焦点を当てた法律は約一五年間、ふたたび空白の時期を経ることとなったのである。

部落差別解消推進法はかつての事業法の復活ではない。部落に対する法律ではなく、「部落差別のない社会を実現することを目的」とした広く社会に向けた法律である。もちろん、それはよき日の実現に向けての一里塚にすぎないが、「部落改善」から「社会変革」へと法律の舵《かじ》は大きく切られた。この法律を糧とした、新たな時代の創造が問われている。

本書は、さまざまな角度からこの法律に切り込み、取り組みの可能性を大きく発展させたいとの願いから編集されたものである。全国各地の活動の一助になることを執筆者一同、心より願っている。

二〇一七年六月

奥田 均

目次

資料

部落差別解消推進法を読む

奥田 均

法的空白の解消

「部落差別の解消の推進に関する法律」（部落差別解消推進法）が二〇一六年一二年一六日に公布され、即日施行された。二〇〇二年三月末日での地対財特法（「地域改善対策特定事業に係る国の財政上の特別措置に関する法律」）の期限切れ以降、一四年九カ月にわたる部落問題に特化した法律の空白がここに幕を閉じた。法期限切れがついこの前のことのように感じられるが、若い活動家や行政職員、教員などにあっては、それ以前の時代を知らない人たちがすでにたくさん生まれている。

法期限後の取り組みは困難を強いられた。先の地対財特法は、同和や差別、人権の単語すら登場しない単なる財政特例法であったにもかかわらず、「腐っても法律は法律」である。こんな法律でも期限切れを迎えた途端に、「法律もなくなるほどだから部落差別の現実もたいしたことはない」などという主張がまことしやかに流されはじめた。それがわかってのことであろう、一九六五年に出された同和対策審議会答申（同対審答申）は、「現時点における同和対策は、日本国憲法に基づいて行なわれるものである」とその法的根拠にわざわざ憲法を持ち出している。

障害者や女性の差別問題などは語られながらも、「同和」の文字だけが「人権」に置き換えられ、現場でまじめに部落問題に取り組むことの苦労は倍加した。理屈のうえではいくら論破しても、最後は「地対財特法はすでに期限切れを迎えたではないか」との空気が漂い、地団駄《じだんだ》を踏む思いをした人も多かったにちがいない。

今回の法制定は、部落の当事者はもとより、こうした努力を続けてきた者にとっては溜飲《りゅういん》を下げる快挙であったといえる。まずはその制定を率直に喜び、人権の法制度確立にむけてねばり強く尽力されてきた関係各方面の労をねぎらいたい。

部落差別解消推進法の意義

◉部落差別の存在認知

部落差別解消推進法の最大のポイントは、「現在もなお部落差別が存在する」（第一条）と部落差別の存在を公式に認知したことである。部落問題解決の取り組みの原点・出発点は部落差別の存在認知である。これがないと一切は始まらない。しかし、それがなかなかむずかしい。

差別の現実は自動的に認識されるものではない。差別の実情を広く社会の共通認識に高めるもっとも効果的な方法は、被差別当事者が自身の苦労や体験を直接みんなに訴えるということである。だがそれは同時に、自らの社会的立場をカミングアウトすることを意味する。訴えることと引き替えに、差別のまなざしを浴びるリスクを引き受けることになるのである。そして両者を天秤《てんびん》にかけたとき、そのリスクの前に立ちつくしてしまう。こうして差別の厳しさが差別の現実の可視化をねじ伏せていく。

結果、多くの市民は「もう部落差別なんて存在しない」「あってもたいしたことではない」「それは昔の話じゃないのか」と悪気なく思い込んでしまうケースが広がっていく。それは何も部落問題に限ったことではない。ＬＧＢＴ問題やハンセン病問題、ＨＩＶ問題などをみてもそのことはわかる。

戦後の部落問題に対する取り組みの起点となった同対審答申においても、その事情は同じであった。答申は「世間の一部の人々は、同和問題は過去の問題であって、今日の民主化、近代化が進んだわが国においては、もはや問題は存在しないと考えている。けれども、この問題の存在は、主観をこえた客観的事実に基づくものである」と断定し、それを証明するために二種類の実態調査を実施した。こうして、「以上の解明によって、部落差別は単なる観念の亡霊ではなく現実の社会に実在することが理解されるであろう」（第一部　同和問題の認識）とだめを押した。

しかし地対財特法の失効後、差別の実態把握さえおろそかにされ、部落差別の現実に対する無視や軽視が横行しはじめ、部落差別の存在に対する共通認識が希薄化してきた。部落差別解消推進法は、こうした主観的な部落差別の認識論に決着をつけた。

部落差別解消推進法が制定されたいま、差別の現実を認めるかどうかは「考え方や理解の違い」の問題ではなく、「法律を認めるのか法律を否定するのか」の議論となったのである。新たに法律を制定しなければならないほどの部落差別の現実が存在することが社会共通の認識として確立された。

◉部落問題の解決の明記

部落差別解消推進法の第一条には、「部落差別の解消を推進し、もって部落差別のない社会を実現することを目的とする」とこの法律の目的が明記されている。意外な感じがするかもしれないが、部落問題の解決を目的とした法律はこれが初めてである。

一九六九年に制定された最初の法律である同和対策事業特別措置法の第一条では、「同和対策事業の目標を明らかにするとともに、この目標を達成するために必要な特別の措置を講ずることにより、対象地域における経済力の培養、住民の生活の安定及び福祉の向上等に寄与することを目的とする」とされていた。見てのとおり、法律の目的は部落差別の解消ではなく、あくまでも同和対策事業の目標設定と住民の生活の向上に限られていた。地対財特法ではさらにひどく、第一条では「当該事業に係る経費に対する特別の助成その他国の財政上の特別措置について定めるものとする」となっている。

その意味で部落差別のない社会の実現をめざすこの法律は、「あるべからざる差別の長き歴史の終止符が一日もすみやかに実現されるよう」にと訴えた同対審答申の理念が初めて社会的規範（法律）になったものといえる。また同対審答申が「いかなる時代がこようと、どのように社会が変化しようと、同和問題が解決することは永久にありえないと考えるのは妥当ではない」と指摘した「宿命論」の否定に裏打ちされている。

この第一条からは、「われわれが『あれこれの事業』を求めているのではなく、『差別からの解放』を要求しているのだ、ということをはっきりさせる」という部落解放同盟第五〇回全国大会（一九九三年三月）での、あの上杉佐一郎・中央執行委員長の言葉が想起される。

◉部落差別解消のための施策の創造

部落差別解消推進法は、部落問題解決を実現するための施策展開を国および地方公共団体に求めている。第三条がそれで、「国は、前条の基本理念にのっとり、部落差別の解消に関する施策を講ずる」とし、地方公共団体は「その地域の実情に応じた施策を講ずるよう努めるものとする」とされた。

かつての同和対策事業特別措置法における国および地方公共団体の責務は「同和対策事業を迅速かつ計画的に推進するように努めなければならない」（第四条）とされており、限定された同和対策事業の実施にとどまっていた。国が指定する同和対策事業さえ実施しておれば、その責務は果たされていることになっていたのである。地対財特法もしかりである。これらに比較すれば、「部落差別の解消に関する施策を講ずる」と打ち出したことの意味は大きい。

いうまでもなくこの法律は理念法と呼ばれるものであり、具体的な施策の中身やそれにともなう予算措置についての言及はない。それらはいつに、これからの関係者による努力と取り組みにかかっている。何をすることが「部落差別の解消に関する施策」となるのか。議論はここから始まる。それは行政だけで可能なのか。現行の一般施策だけで十分なのか。部落の当事者はもとより、市民一人ひとりが自ら何をやっていくべきなのか。そのために新たな法律や条例は必要なのではないか。NPO法人や社会的企業という新しい取り組み方を積極的に取り入れるべきではないかなどなど、同和対策事業に縛られない自由で大胆な取り組みの世界を創り上げていかねばならない。

あわせて注視したいことは、「その地域の実情に応じた施策」を地方公共団体に求めている点である。部落の実態や差別の現れ方は全国多様である。これまでのように国や府県の指示を待ち受けているという発想との決別をこの法律は求めている。

●部落差別解消のための教育および啓発の実施を明記

二〇〇〇年に「人権教育及び人権啓発の推進に関する法律」(人権教育・啓発推進法)が制定され、人権教育や人権啓発の取り組みが広がりをみせている。しかし二〇〇二年の地対財特法

図1　学校での同和教育・部落問題についての学習経験

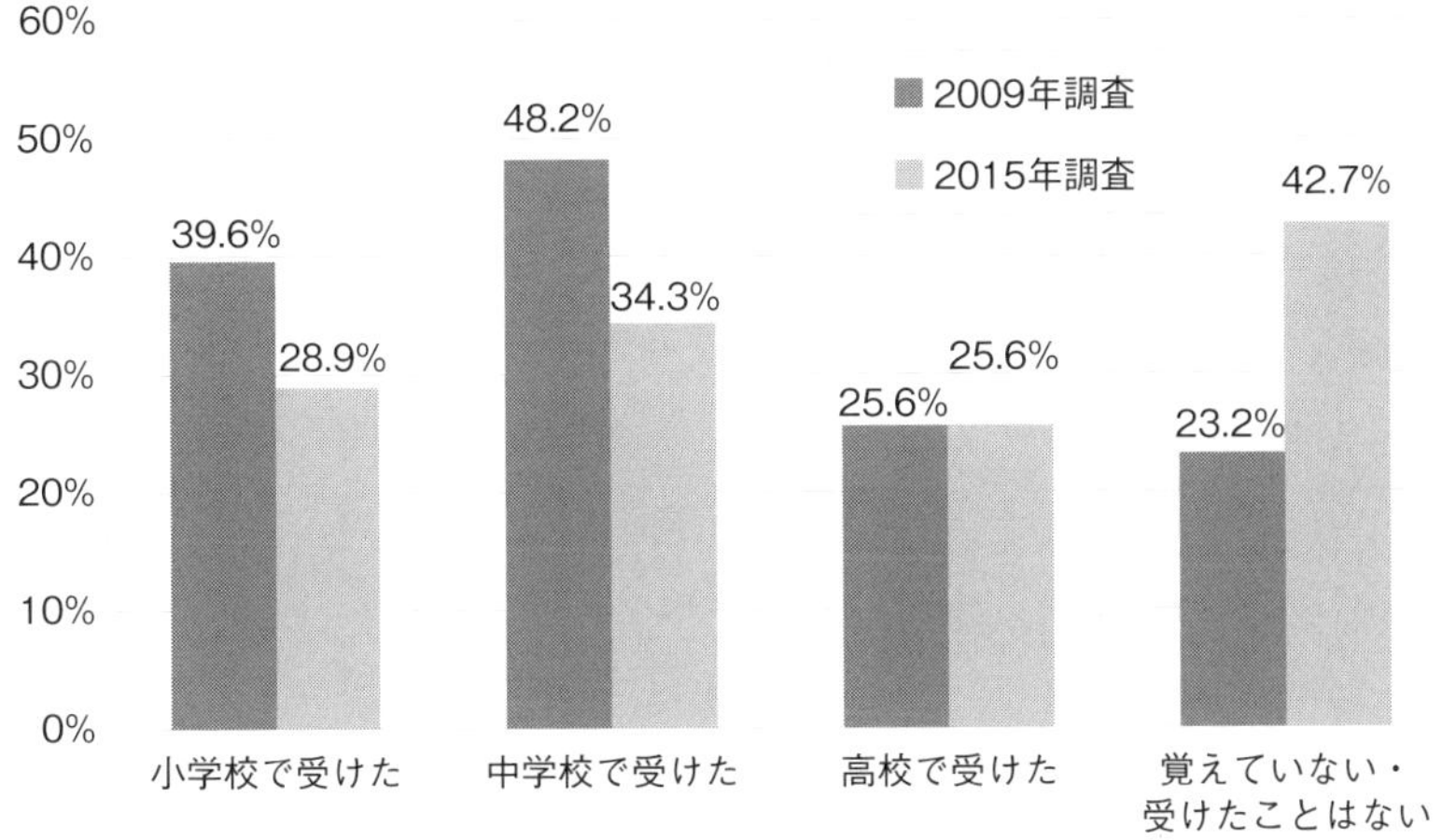

の期限切れなどが影響してか、こうしたなかでの「同和教育の軽視」「部落問題抜きの人権教育」の傾向がみられる。

図1は、近畿大学人権問題研究所が各学部の学生に行った人権意識調査の結果であるが、義務教育段階で同和教育・部落問題学習の経験が大きく減少しており、二〇一五年調査では「覚えていない・受けたことはない」が四二・七%に達している。

このような状況をふまえ、部落差別解消推進法第五条では、国および地方公共団体が「部落差別を解消するため、必要な教育及び啓発を行う」ことが明記された。取り組みの現状を把握し、あらためて部落問題をキチンと教育や啓発の現場で取り上げることを求めている。

●相談体制の充実と実態調査の実施

部落差別解消推進法第四条では、「部落差別に関する相談に的確に応ずるための体制の充実を図る」ことが国および地方公共団体に求められている。従来国は、人権侵害に関する相談や対応は現行の人権擁護委員制度で事足れりとしてきた。この条文は事実上その不十分性を認めたものである。相談体制充実のなかで事例を積み上げ、人権委員会の設置などによる人権侵害救済体制の整備に道を開くことが期待される。

また第六条では、「部落差別の実態に係る調査を行う」ことが明記された。何を「部落差別の実態」ととらえるのかが争点となろう。部落問題理解の根幹にかかわるテーマであるだけに「部落差別のない社会を実現する」（第一条）ための議論を期待したい。

いずれにせよ、実態調査の結果は「部落差別解消のための施策実施」および「部落差別解消のための教育及び啓発」の内容を浮かび上がらせる。同時に法にもとづく調査の社会性は高く、これによって明らかにされる部落差別の現実は「人権侵害救済法」や「差別禁止法」の必要性を浮かび上がらせる立法事実となろう。初年度一気に各種調査を実施することは無理でも、第六条にもとづく調査を着実に積み上げていきたい。

部落差別解消推進法をてこに人権の法制度確立へ

先にも述べたが、この法律はいわゆる理念法といわれるものである。当然のこととして、国民運動として求めてきた差別規制や救済措置についてはふれられていない。具体的事業にかかわる予算についても担保されていない。たしかにそのとおりである。しかし権力に幻想をもってはいけない。一〇〇点満点の法律など出てくるはずはない。民主党政権のときですら何らの法律も実現しなかったのであるから。

部落解放の実現を求める国民運動は、一九八五年に部落問題の根本的解決に資する総合的な法律として「部落解放基本法案」を提案し、その制定を求めた。しかしその実現がむずかしいなかで、同法案に盛り込まれた内容を個別法の積み上げによって実現していく戦略が打ち出された。二〇〇〇年に制定された人権教育・啓発推進法はその「教育・啓発法的部分」の個別法としてあった。その後、「規制・救済法的部分」や「組織法的部分」を取り上げたものとして「人権擁護法案」や「人権委員会設置法案」が国会上程にまでこぎ着けた。しかしいずれの法案も衆議院の解散により廃案になった。こうした法制定運動の歩みをふまえるとき、今回の部落差別解消推進法は「部落解放基本法案」の「宣言法的部分」と「教育・啓発法的部分」をカバーしたものであり、重要なピースのひとつがこれによって埋まったといえる。

さあ、これをどう取り組みの活性化につなげていくのか。どのように「人権侵害救済法」や「差別禁止法」制定への道を切り開き、悲願の「部落解放基本法案」の実質的な完全実現を迫っていくのかが待ったなしで問われている。

部落差別解消推進法と同じく理念法である「ヘイトスピーチ規制法」(「本邦外出身者に対する不当な差別的言動の解消に向けた取組の推進に関する法律」)が二〇一六年六月より施行されている。理念法ではあるが、これによって取り組みは大きく勢いを増し、法の趣旨をくみとったさまざまな動きがすでに始められている。ヘイトスピーチ規制法という理念法を最大限活用して、在日外国人差別の完全撤廃にむけて取り組みを果敢に展開している市民運動に学ぶべきことは多い。

部落差別解消推進法の周知徹底が急務

アメリカでは新しい大統領が誕生すると、最初の一〇〇日間に何をするのかが取り上げられる。政権交代による時代の変化を印象づける効果的な政治手法である。今回は「トランプ大統領の一〇〇日計画」である。

部落差別解消推進法の実現を果たした現在、部落問題の解決をめざす法律の状況は大きな変化を遂げた。三三年間にわたる同和対策事業法の時代、一五年近くの法なき時代、そして二〇一六年一二月一六日からの新しい時代の到来である。アメリカの新大統領に負けない「新法の制定という時代の変化」を印象づける取り組みが求められている。

しかし冷静に見渡すと、その変化は思うほどには注目されていない。であるからこそ喫緊の課題は、とにもかくにもこの法律を徹底して周知することである。それは部落問題解決への啓発活動そのものとなる。

部落差別解消推進法の学習活動を網の目のように展開しよう。知られないことには活用も課題も生まれてはこない。周知徹底の範囲が広ければ広いだけ、より高い質をもった取り組みの構築がその上に可能となる。人権担当部局だけではなく、すべての行政職員や教職員に周知しよう。議会関係者や各種団体、地元メディアをはじめ、一人でも多くの市民に法制定の事実とその内容を伝えよう。もちろん部落内のすべての仲間にも伝え、学習活動を展開しよう。部落差別解消推進法の値打ちの軽重は、私たちの双肩にかかっている。

部落差別解消推進法制定の意義と今後の展開

炭谷 茂

1 人権国家建設への確かな一歩

人類は、長い歴史の試練を経て人権の確立・向上に成果を残してきた。しかし世界はいま、人権の危機に立っている。

一七世紀から一八世紀の市民革命などによって自由権が登場し、二〇世紀に入って産業革命による労働者の困窮に対処するために社会権が確立した。第二次世界大戦後、開発途上国からは発展する権利という第三世代の人権が主張された。日本では環境権、プライバシー権などが提起され、時代の変化に応じて人権は発展してきた。

人権は常に発展する。この発展は、権力者によって与えられたものではなく、無数の人の闘いと犠牲によってなされたことを銘記しなければならない。

人権は、恣意的に扱われることがある。それがそれぞれの立場によって自分たちの都合のよいように解釈・運用されることは、世界の歴史が示してきた。たとえばフランスの人権宣言は、男性のフランス国民を対象にしていた。人権宣言の明文上は明らかでないが、当時は女性や外国人は念頭になかった。

日本国憲法第一二条が「この憲法が国民に保障する自由及び権利は、国民の不断の努力によつて、これを保持しなければならない」と規定しているのは、このような人権の性格をふまえたものである。「憲法や法律によって人権が規定されているから、人権保障については心配ない」と考えることは誤りである。この規定が定めるように、私たちが人権の保持・発展に常に努力しなければ、憲法に定められているはずの人権も空洞化するのである。

昨年（二〇一六年）から世界は激動している。イギリスのＥＵ（欧州連合）離脱決定の一因は、移民増加への反対だった。世界各地で頻発するテロは、人種、宗教などの対立が原因にある。トランプ・アメリカ大統領は、移民やイスラムに対する敵対意識を前面に出している。世界は、多様性を否定し、分裂の時代に入った。

世界の潮流と同様な動きが日本でもみられるようになった。神奈川県相模原《さがみはら》市の「津久井《つくい》やまゆり園」で多数の障害者が殺傷された事件は、ひとりの異常な犯罪行為である一方、背景には障害者に対する社会の偏見・差別意識の広がりがあったのではないかと恐れる。内閣府の「障害者に関する世論調査」でも「障害を理由とする差別や偏見があるか」という問いに対して二〇一二（平成二四）年は八九・二％が「あると思う」と回答し、三年前の調査の八二・九％より増加している。

部落差別、同和問題も同様である。後述するように、部落差別、同和問題は決して解決せず、悪化している分野もある。

このようなときに昨年一二月、「部落差別の解消の推進に関する法律」（部落差別解消推進法）が制定された意義は大きい。世界全体で人権が後退する恐れのある今日、同法は、日本が世界の潮流に抗して、人権国家建設のための確実な歩みを進める力になると確信している。

筆者は昨年四月、「自民党差別問題に関する特命委員会・部落問題に関する小委員会合同会議」で部落差別解消推進法案について意見を述べる機会を与えられた。筆者は、これまでの行政経験と社会的実践活動をふまえて率直に意見を述べた。結論として、「現在の部落差別、同和問題の現状からみて、法的措置を含め具体的な対策を早急に講じないと、これまでの多くの先人の努力や投入された公費が無駄になる」と訴えた。

出席された国会議員から熱心な意見や質問をたくさん受けたことが印象に残っている。今回成立した法律は、このとき提言した対策がおおむね含まれているので、高く評価している。

本稿は、このときに述べた意見を中心に、筆者の行政と社会的実践活動の経験をふまえ、部落差別解消推進法の意義と今後の展開について述べたい。したがって、これまで優れた先行研究が数多くなされているが、本稿ではこれらを参照していないので、考察が浅くなることをお許しいただきたい。

2 地対財特法の廃止の意味

同和問題は、同和対策審議会答申が冒頭に述べているように、「日本社会の歴史的発展の過程において形成された身分階層構造に基づく差別」であって、憲法で保障された人権の侵害である。

一八七一（明治四）年の賤称《せんしょう》廃止令により法律面では平等になったが、形式的に終わった。それまでの長い歴史のあいだ、権力者による差別、一般民衆からの差別と両面から差別された結果、差別意識は容易には解消しなかった。このため深刻な部落差別事件が全国各地で頻発しつづけた。一九五一（昭和二六）年の「オール・ロマンス事件」が代表的な一例である。

これを解決するための方策について一九六五（昭和四〇）年、同和対策審議会は、政府の審議会では前例のない長期の審議と学問的な調査を経て、大部な答申を発表した。通常、審議会の答申は事務局を担う職員によって大半が書かれるのが通例であるが、同和対策審議会答申は、これとは異なって、役人の発想から離れ、提案された政策は大胆で網羅的である。これらの政策は、すべては実現されなかったが、今日でも政策の方向としては正しいと思う。

答申の作成に中心的な役割を果たした磯村英一《いそむらえいいち》先生は、同和問題の解決が「国の責務であり、同時に国民的課題である」という文章を入れるかが最大の議論だったと筆者によく話してくれた。今日ではこの文言は当然なことだが、激しい議論の対立があったことは、当時の政治・行政事情を物語っている。

一九六九（昭和四四）年、答申にもとづき同和対策事業特別措置法が制定された。この法律は一〇年間の時限立法とされたが、この理由は、集中的に公費の投入を行い、早急に同和問題を解決するべきであると考えられたからである。また、公費を投入するためには、対象となる地域や人を特定しなければならないが、これが差別を助長する心配があることから、一日も早く問題を解決して、この手法を用いる必要がないようにすべきだという事情もあった。

同法にもとづき、国の手厚い財政措置によって対策は強力に進められたが、一〇年間では問題は解決せず、法律名を地域改善対策特別措置法、「地域改善対策特定事業に係る国の財政上の特別措置に関する法律」（地対財特法）と変えて継続された。

一九九三（平成五）年に対策の効果を把握するため、「同和地区実態把握等調査」が行われた。筆者は、この調査の政府の責任者であった。たいへん困難な調査であったが、民間運動団体の協力によって調査は成功し、その後の同和対策の方向に大きな影響を与えた。

調査の結果は、道路、住宅などのハード面の問題はおおむね解消したが、教育、就労、所得などのソフト面や差別意識、人権侵害はなお問題が残っているというものであった。これにもとづき対策が検討された結果、法律にもとづく特別対策ではなく、一般対策で残された課題は取り組むことができると判断され、二〇〇二（平成一四）年三月末に地対財特法は期限切れになった。三三年にわたる特別措置法時代は終了した。

ここで重要なことは、部落差別や同和問題が解消したので、特措法が廃止されたのではないということである。一九九六（平成八）年五月の地域改善対策協議会による意見具申は、問題は残されているが「今後の施策ニーズには必要な各般の一般対策によって的確に対応していくということであり、国及び地方公共団体は一致協力して、残された課題の解決に向けて積極的に取り組んでいく必要がある。この一般対策への移行を円滑に行うためには、（中略）一部の事業等については一定の工夫が必要と考えられる」と的確に述べている。

部落差別、同和問題が存在する以上、同和行政が必要であることは、自明の理である。これは、同和対策審議会などの答申や政府によって繰り返し述べられてきた。行政の手法が変化するだけのことだった。

3 特措法廃止後に生じた混乱

筆者は、長年の行政経験から地対財特法の期限切れ後の行政の動きを心配していた。行政が、特措法の廃止の理由を的確に理解して同和行政に取り組むのか、である。

残念ながら、一部の地方自治体では心配したとおりのことが起こった。同和行政の根拠となる法律が存在しなくなったので、同和行政をする必要性がなくなったという動きである。さらには、行政は法律にもとづいて行わなければならないので、根拠法が存在しなくなったので、行ってはならないという極論まで耳にするようになった。

かなりの地方自治体で特措法廃止後は、「同和行政は人権行政のなかで行う」という方針で進められるようになった。そもそも特措法時代も同和行政は人権行政の一部門と位置づけられていたから、特措法廃止後にそのように変化すること自体、妙な話である。これはさしおいても、正しい意味で人権行政のなかで同和行政を行うことは、適当なことである。しかし、地方自治体のなかには、部落差別や同和問題における特有の問題を扱わないで、一般的な人権教育、人権啓発を行うことで足りるとするところも出てきた。同和問題を意識的に避けているようにさえ思えた。「同和問題隠し」との批判も出された。

人権は、個別具体的に把握しなければならない。人権問題は、同和問題のほかに障害者、難病患者、外国人、いじめなど、たくさんの問題が存在する。共通する基盤的な要素はあるが、それですべての問題が解決するわけではない。個別具体的な問題の部分のほうがずっと多いのである。だからこれに正面から着目しない人権行政は、不適切な行政といえる。

ここ四、五年前からさらに新しい変化がみられる。同和行政に対する知識不足、無関心である。同和問題に対する知識を欠くので、同和問題を解決しようとする動きは起こらない。同和行政を担当する部署が不明確という事態も生じている。

4 部落差別、同和問題の現状把握

前述のように、部落差別、同和問題があるかぎり同和行政を行わなければならないが、問題は、部落差別、同和問題が存在するか否かである。この判断は、科学的実証的な実態調査によらなければならず、綿密な調査が必要である。

しかし、国レベルでは一九九三（平成五）年の実態調査が最後のものである。そこで一九九三年の調査結果をもとに現在の状況を推測すると、このときに明らかになった問題は残されていると判断される。問題によってはむしろ悪化しているのではないかと推測される。

なぜならば一九九三年以降、日本社会は劇的に変化し、一九九三年に指摘された問題の解決にとってマイナスの影響を与えているからである。グローバル化の進行によって企業間の競争が激化し、非正規雇用は増大している。いまや雇用労働者のうち四〇％が非正規雇用である。雇用形態は不安定化し、収入は増えない。生活保護世帯は一九九三年以降、増加する一方である。したがって、就労、教育、所得などのソフト面の問題は解決されず、悪化している面もあると考えるべきである。

また、近年、単身世帯の増加などによる家族の規模の縮小や国民意識の変化などにより、家族・親族の相互扶助の能力が減衰している。さらに都市化、過疎化の進行によって地域住民間のつながりが脆弱《ぜいじゃく》になっている。一方、企業ではグローバル化の進展による競争の激化により、かつて一般的だった日本特有の家族的な企業福祉が著しく弱体化している。このため障害者、刑務所出所者、外国人など、地域社会にとって異質と考えられる者は、社会から排除され、また孤立する現象が顕著になっている。この結果、本人の力だけでは解決できない生活上の困難を抱え、人権侵害を受けている。同様のことが同和問題の関係者にも起こり、社会的排除がよりいっそう深刻になっている。

情報化社会の著しい進展は、メールなどデジタルにたよる冷めた人間関係を生み、ぬくもりを感じさせる人間関係の形成を阻害するようになっている。

これらの現象によって、部落差別や差別意識は解決しておらず、場合によってはむしろ深刻化している面もあると考えるべきである。

法案の審議の際にたびたび政府側から説明されたように、法務省の人権侵犯事件調査処理規程にもとづく同和問題に関する人権侵犯事件の救済手続処理件数は、二〇一三（平成二五）年は八〇件、二〇一四（平成二六）年で一〇七件、二〇一五（平成二七）年は一一三件と増加している。

以上の状況は、東京都、新潟県、愛知県、大阪府、鳥取県、福岡県などの地方自治体の単独の調査をはじめ、全国隣保館連絡協議会が二〇一一（平成二三）年度に行った調査でも裏づけられている。

結婚差別、就職差別、土地差別は根深く存在している。たとえば二〇一三（平成二五）年度の東京都の人権に関する世論調査では、子どもが同和地区出身者と結婚することに反対である者は、二六・六％と高かった。

筆者は、就職差別撤廃東京集会実行委員会委員長を務めている。この委員会は、高等学校、大学、専門学校の卒業予定者の就職にあたって部落差別などが生じないように、企業、行政、大学、高等学校などの関係者に対して研修を行うとともに企業や行政に要請している。

この委員会が発足したきっかけは、一九九八（平成一〇）年の外資系の調査会社による就職応募者の調査での部落差別事件である。一四〇〇社からの依頼を受けた同社は、応募者が被差別部落関係者であるかを調査したのである。

最近でも東京都内の高校卒業予定者の就職面接にあたって、二〇％の高校生が部落差別などの人権侵害につながる恐れのある不適切な質問を受けている。これには改善がみられない。

土地差別については、近年、東京都内で発生した事件を聞いた。ある不動産取引会社の若い従業員が区役所の窓口へ区内の被差別部落の照会に訪れた。この従業員は、この行為が部落差別に該当するという認識にさえ欠けており、不動産取引をする際には把握しておくべき事項だと考えていたようである。

5　部落差別、同和問題に新たな動き

近年、部落差別、同和問題に新たな変化が起きていることに注意しなければならない。

第一は、近年の学校などにおける人権教育、人権啓発の不足から部落差別、同和問題に関する知識不足、無関心が顕著になっている。とくに若年の年齢層で目立つ。

このことは内閣府の行っている「人権擁護に関する世論調査」でも推測できる。基本的人権についての周知度は、二〇〇三（平成一五）年で八〇・〇%、二〇一二（平成二四）年は八二・八%と横ばい状態である。二〇一二年の二〇〜二九歳の若年層は八一・五%と、他の年齢層に比べて低い。人権課題ごとの関心では、同和問題は二〇〇三年が一六・二%が関心をもっていたが、二〇一二年には一三・四%に低下している。二〇〜二九歳の若年層では、同和問題への関心が二〇一二年が九・九%ととくに低くなっている。

これにより知識不足から部落差別となる行為が増加していると推定される。加害者は、深い知識をもたず、あざけり、からかいなどの部落差別行為を行い、相手に深い傷を与える。

第二は、インターネットによる差別である。これは、国会での部落差別解消推進法案の審議のときにしばしば取り上げられた。

インターネットによる人権侵害は、インターネットの急速な普及により急激に増大しているが、加害者の匿名性、情報の拡散性により被害は深刻になる。部落差別、同和問題でも同様である。法務省人権擁護局長は、法案審議でインターネット上の情報について同和問題に関して法務局がプロバイダーなどに対して削除要請した件数は、二〇一三（平成二五）年で五件、二〇一四（平成二六）年は一〇件、二〇一五（平成二七）年では三〇件で、内容としては差別表現、結婚、交際に関するものなどであると答弁している（二〇一六年一二月一日）。

戦前に実施された全国部落調査の復刻版をインターネット上に掲載し、被差別部落名を明示するという確信犯的な行為も行われている。個人名が記載された一覧表に被差別部落出身者をマークしてインターネットに掲載するというきわめて悪質な事例もある。

6　部落差別解消推進法の意義

今回制定された部落差別解消推進法は、上に述べた部落差別の現状、今後の推移、背景、原因をふまえ、必要な対策を適切に規定していると高く評価している。

その理由として第一は、部落差別の存在と近年の部落差別の変化の認識に立って法律が制定されたことである（第一条関係）。上記４、５に示したように、従来からの部落差別はなくなってはおらず、さらにインターネットの普及など情報化の進展による新しい部落差別が生じているという認識に立つことから、対策はスタートする。

第二は、国および地方自治体の責務を明らかにしていることである（第三条関係）。特別措置法廃止後、一部の行政では同和行政についての取り組みが弱体化している。部落差別、同和問題があるにもかかわらず、同和行政に関心のない地方自治体もある。この原因として前記３で述べたように、同和行政に関する法律が存在しなくなったことが大きい。第三条第二項で「地方公共団体は、……その地域の実情に応じた施策を講ずるよう努めるものとする」と定められたことは、大きな前進になるだろう。

第三は、相談体制の充実が規定されたことである（第四条関係）。部落差別に関する相談は、地方法務局と人権擁護委員が主にあたっている。人権擁護委員は、民間の篤志家によるボランティアである。業務の範囲は広い。専門的知識が不足している面があるので、研修や情報提供の充実が求められる。地方自治体は、役場の窓口などでの相談体制の充実が必要である。

第四は、上記5で述べたように、近年、部落差別、同和問題に関する人権教育・人権啓発活動がきわめて不足しているため、部落差別の知識不足、無関心が顕著になっているので、教育、啓発について規定されたことは（第五条関係）、重要である。今後、部落差別、同和問題の個別具体的な特徴に着目し、工夫を凝らした効果的な教育・啓発活動が活発に行われることが期待される。

第五は、部落差別の実態調査が規定されたことである（第六条関係）。上記4、5で述べたように、各種の個別的な調査、個人的な見聞などから部落差別、同和問題は変化・増大していると考えているが、これを的確に把握するためには科学的実証的な実態調査が必要である。信頼できる実態調査がないと適切な対策が講じられない。実態調査について法案の審議では、実態調査が新たな差別を助長するのではないかと議論が行われ、参議院法務委員会の附帯決議で「調査により新たな差別を生むことがないように留意」することとされている。これは、実態調査にあたって当然のことである。

7 部落差別のない社会の実現へ

部落差別解消推進法は、規制、許認可、罰則、財政措置などの具体的な規定を盛り込まない理念法である。国や地方自治体の政策の基本方向を定めている。

同様な構成になっている基本法はいくつか存在するが、その例に照らしても、法律が生かされ、効果を発揮するかは、この法律にもとづき具体的な政策が実施されるかにかかっている。国や地方自治体は、同法にもとづき必要な予算を確保し、施策を行っていくか、注視をしていかねばならない。

同法は、第二条に「部落差別のない社会を実現する」ことをめざすと規定している。部落差別の解消には、「寝た子を起こすな」論を説く者が存在する。しかし、現に部落差別で深刻な被害を受けている者が存在する以上、この論は採れない。効果的な人権教育や啓発活動によって人権侵害を防ぎ、部落差別のない社会をめざさなければならない。

筆者は、昨年一〇月下旬、スコットランドのエディンバラで開催された「リハビリテーション世界大会」に出席した。世界各国から一四〇〇人が参加し、障害者施策について議論が行われたが、大半の参加者からソーシャル・インクルージョン（社会的包摂）政策の必要性が主張された。

いまやソーシャル・インクルージョンは、障害者対策の世界の共通した政策理念になっている。ソーシャル・インクルージョンは、障害の有無にかかわらず、地域で助けあいながら人生に生きがいをもって暮らす社会である。このような社会は、障害だけでなく、年齢、性別、出自、国籍、宗教などの差異を超えてともに暮らす社会である。

ソーシャル・インクルージョンの徹底した社会とは、障害者が障害があっても差別されることのない社会である。これと同じことが被差別部落関係者にもあてはまる。このような社会が真の部落差別のない社会だと思う。

部落差別解消推進法は、ソーシャル・インクルージョンが徹底した社会の実現に大きく寄与してくれると確信している。

部落差別解消推進法の意義と残された課題

内田博文

部落差別解消推進法の意義

法システムのはたしている役割は多種多様であるが、規範的機能と社会的機能に大別しうる。規範的機能とは人々が一定の行為をおこなったり差し控えたりする理由を指図することによって、人々の行動の指針・評価基準を提示する機能のことだ。そしてこのような規範的機能をもつ各種の法規範が一定の制度的仕組みのもとで作動することによって、社会統制、活動促進、紛争解決、資源配分などといったさまざまな社会的効果がもたらされるという機能が社会的機能である。

このような法システムの機能から考察した場合、「部落差別の解消の推進に関する法律」（部落差別解消推進法）の意義として次のような点を指摘しえよう。

◉法律で「部落差別」という名称を初めて用いたこと

国・自治体が用いてきた「同和問題」「同和地区」「同和関係住民」「同和対策」「地域改善対策」などの用語に対して、「部落差別」「部落問題」「部落解放のための行政施策」などの用語を用いるべきだとしてきた当事者団体にとって、部落差別解消推進法により法律で初めて「部落差別」という名称が用いられた意義は少なくない。

もっとも、「部落差別」の定義規定が置かれなかったことなどから、国・自治体が発行している文書や施策の文言がただちに「部落差別」などの用語に切り替わることにはならないのではないかと推察される。

しかし、そのことで、「同和問題」と「部落問題」が二者択一的な関係にあるとするのは妥当ではない。提案者によると、「立法事実により焦点を当てる」という趣旨から「部落差別」という用語が選択されているからである。盛山《もりやま》法務副大臣も国会で「本法案における部落差別という用語は同和問題に関する差別を念頭に置いているものと理解できる……」と答弁している。

◉部落問題に関する法的空白が解消されたこと

二〇〇二年の特別措置法失効後はふたたび「憲法だけで法律を欠く」状態になった。そのために、「法的根拠を欠く」などの批判が一部に起こり、「同和問題」に後ろ向きの姿勢をとる口実とされた。部落差別解消推進法の制定により右の状態が解消されたことも意義といえる。なお、同法に期限の定めはない。「部落差別」が解消されるまで効力を有するものといえる。

◉部落差別の存在を認知したこと

同和対策審議会答申（同対審答申）は、「世間の一部の人々は、同和問題は過去の問題であって、今日の民主化、近代化が進んだわが国においては、もはや問題は存在しないと考えている。けれども、この問題の存在は、主観をこえた客観的事実に基づくものである」「部落差別は単なる観念の亡霊ではなく現実の社会に実在することが理解されるであろう」と注意喚起した。しかし、「過去の問題」だとの理解はそのあとも根強く残り、被差別当事者がカミングアウトして差別被害を訴えることの障害となり、差別被害を可視化することの妨げとなってきた。

部落差別解消推進法が、現在もなお部落差別が存在していることを認め、部落差別は許されないものであるとの認識を明確にしたことの意義は特筆される。部落差別が存在するか否かの議論については法的に終止符が打たれたといえる。

◉「部落差別のない社会の実現」を初めて法律で明記したこと

同対審答申は、「問題を抜本的に解決し、恥ずべき社会悪を払拭して、あるべからざる差別の長き歴史の終止符が一日もすみやかに実現されるよう万全の処置をとられることを要望し期待する」と記して前文を閉じた。しかし、同和対策事業特別措置法（同対特法）や「地域改善対策特定事業に係る国の財政上の特別措置に関する法律」（地対財特法）でも、「問題の抜本的解決」（＝「部落差別のない社会の実現」）は射程外に置かれた。

これに対し、部落差別解消推進法の目的は、「部落差別の解消を推進し、もって部落差別のない社会を実現すること」（第一条）とされた。この点も同法の意義として高く評価される。

◉「部落差別の解消に関する施策の実施」を国および地方公共団体の責務としたこと

同対特法は、「同和対策事業の迅速かつ計画的な推進に努める」ことを国・自治体の責務とするだけであった。それは地対財特法でも同様で、「地域改善対策特定事業の円滑かつ迅速な実施に努める」ことを国・自治体の責務とするだけであった。

これに対し、部落差別解消推進法は、「部落差別の解消に関する施策を講ずる」ことを国の責務とし、「部落差別の解消に関し、国との適切な役割分担を踏まえて、国及び他の地方公共団体との連携を図りつつ、その地域の実情に応じた施策を講ずるよう努める」ことを自治体の責務とした。これも意義のひとつで、同対審答申の理念が初めて法規範化されたといえる。

ただ、提案者は、「相談体制を充実するとか、それから教育及び啓発、そしてまた部落差別の実態に対する調査を行う、このようなことを今回この法律の中で『部落差別の解消に関する施策』ということで位置づけをさせていただいております」などと国会答弁されている。また、参議院で「過去の民間運動団体の行き過ぎた言動等、部落差別の解消を阻害していた要因を踏まえ、これに対する対策を講ずることも併せて、総合的に施策を実施すること」との附帯《ふたい》決議もなされた。

◉相談体制の充実を打ち出したこと

部落差別解消推進法では、「部落差別に関する相談に的確に応ずるための体制の充実を図る」ことが国に、また、自治体に対しては「相談体制の充実を図るよう努める」ことが求められている。この点も同法の意義だといえる。相談業務に従事する者には、「現在もなお部落差別が存在する」「部落差別は許されないものである」という認識に立っての対応がこれまで以上に求められよう。

差別被害の場合、バッシングを恐れて相談窓口へのアクセスを躊躇《ちゅうちょ》したり断念したりするケースも少なくなく、アクセスする人は氷山の一角である。この「声なき声」をいかに拾うかが課題となろう。部落問題に詳しい有識者からは、第一歩として隣保館に人権相談員（仮称）を配置するべきだという提案がみられる。

ただ、部落差別解消推進法は「調査」「救済」について「部落差別」という言葉と同様に明文規定を置いていない。「相談体制の充実」も現行の「調査」「救済」制度を前提にしたうえでの充実ということになる。ちなみに、法務省の「人権侵犯事件調査処理規程」（平成一六年訓令第二号）は、救済のための措置等として、援助、調整、要請、説示、勧告、通告、告発を定めている。

◉部落問題に関する教育および啓発の実施を明記したこと

これまで、同和問題に関する教育および啓発においては、「寝た子を起こすな論」や、同和地区の人々が分散して住むようにすれば自然に「差別」はなくなるといった「分散論」などの影響がみられた。地対財特法の失効後は、「同和教育の軽視」「部落問題抜きの人権教育」の傾向が進んでいるといわれる。

このような現状に鑑みた場合、部落差別解消推進法が、国に対して「部落差別を解消するため、必要な教育及び啓発を行う」ことを、また、自治体に対して「必要な教育及び啓発を行うよう努める」ことを義務づけ、それも同和対策事業と異なり、同和地区の有無にかかわらず、「必要な教育及び啓発」を義務づけたことの意義は大きなものがある。

現在、「人権教育・啓発に関する基本計画」（平成一四年三月閣議決定）や、「えせ同和行為排除のための啓発活動等の推進について」（平成二四年三月、法務省人権擁護局総務課長依命通知）などにもとづいて、同和問題に関する「教育及び啓発」が実施されている。部落差別解消推進法の制定を受けて、基本計画の見直しも検討されて然《しか》るべきであろう。

ちなみに、三重県四日市市《よっかいち》「今後の同和行政のあり方について（答申）」（平成一六年三月）によると、「今後は高等学校、大学あるいは企業において、さらなる教育・啓発活動が必要であり、そのための指導者の育成と、青年達が受け入れやすいカリキュラムによる、継続的な社会教育活動の取り組みが求められている」などと指摘されている。

この「必要な教育及び啓発」についても、参議院で「当該教育及び啓発により新たな差別を生むことがないように留意しつつ、それが真に部落差別の解消に資するものとなるよう、その内容、手法等に配慮すること」との附帯決議がなされた。

●実態にかかる調査の実施を明記したこと

部落差別解消推進法の意義として特筆されるのは、「部落差別の実態に係る調査」の実施を明記したことである。同調査は、「部落差別」の実態をより可視化させ、「部落差別」の定義規定の不存在を埋め、補完する役割をはたすとともに、国が講ずるべき、そして自治体が講ずるように努めるべき「部落差別の解消に関する施策」「必要な教育及び啓発」の内容をより可視化することになろうと評価されている。

この調査の実施についても、附帯決議がなされた。問題は、同対審答申や部落解放基本法案（基本法案）などで制定の必要性が提起されてきた「規制・救済法的部分」や「組織法的部分」にかかる「新たな立法」との関係である。右の調査によって「新たな立法」の必要性が浮かび上がってくるとすれば、同調査結果は「新たな立法」のための「立法事実」をも提供することになろう。

法の活用のために

●法の制定自体を啓発すること

法が「部落差別」をもって違法と宣明したことの効果はきわめて大きなものがある。現に、「ヘイトスピーチ対策法」ができたことによって、「国民の責務」規定は置かれていないが、

「在日特権を許さない市民の会」（「在特会」）などによるヘイトスピーチに対する国民の批判的な意識が高まっており、国や自治体の取り組みが強化されているなどの成果が上がっている。

ただし、法の制定が周知徹底されなければ、「宝のもち腐れ」となりかねない。部落差別解消推進法が、部落差別が現存していること、部落差別が許されないものであることを明確にし、相談体制の充実、教育・啓発の推進、実態にかかる調査の実施を求めていることを、一人でも多くの人々に訴えていくこと、そして、各方面で、この法律制定の意義と課題、今後の活用などについての議論を起こしていくことが必要となろう。

◉国に対しては義務規定

法では所管官庁についてとくに規定はない。これまでの経緯からいえば、「相談」「啓発」施策は法務省、「教育」施策は文部科学省ということになろうか。ここでも、「行政組織のすべての機関が直接間接に同和問題の抜本的解決を促進するため機能するような態勢を整備し確立することが必要である」という同対審答申を参考にされるべきであろう。

ヘイトスピーチ問題については、人権教育・啓発中央省庁連絡協議会へイトスピーチ対策専門部会が設けられた。部落差別解消推進法の適正・迅速な実施にあたっても、このような関係省庁（自治体では関係部局）による横断的な連携体制の構築が課題となろう。

ちなみに、部落解放基本法案では、「総務庁に、部落解放対策審議会（以下審議会という。）を置く」「審議会は、内閣総理大臣又は関係大臣の諮問に応じ、部落問題に関する重要事項を調査審議する」「委員は、部落問題に関し学識経験のある者のうちから、内閣総理大臣が任命する」などと規定されていた。有識者からの提言は、このような審議会の設置のほか、ロードマップの策定にもおよんでいる。国は法の目的を速やかに実現するための「基本方針」および「基本計画」を一刻も早く明らかにすべきではないかという提言がそれである。

「『人権教育のための国連一〇年』に関する国内行動計画」(平成九年七月)に倣《なら》って、部落差別解消推進法にいう「教育及び啓発」についても、自治体における「部落問題学習」「部落問題啓発」の現状把握などをふまえて、「基本方針」および「基本計画」を策定し、実現のための具体的な道筋を示すことが必要ではないかと指摘されている。

◉地方公共団体の努力義務

部落差別解消推進法では、自治体に対しては努力規定を課すにとどまっている。これは二〇〇〇(平成一二)年四月に施行の「地方分権一括法」によって、国が制定する法律で地方公共団体を義務づけることはできなくなったためである。しかし、「部落差別のない社会を実現する」ためには、国以上に自治体の取り組みが重要になろう。各地の実情をふまえて柔軟に実施する必要性が高いからである。国と同様の「義務規定」並みの対応が求められるべきだということになろう。自治体についても、関係部局による横断的な連携体制の構築、審議会の設置、法の目的を速やかに実現するための「基本方針」および「基本計画」の策定、「必要な教育及び啓発」に関する「基本方針」および「基本計画」の策定などが問題とされることになろう。

◉当事者参加と行政の主体性・中立性・公平性の確保

二一世紀の人権は「当事者による当事者のための当事者の人権」が特徴とされる。そのために、「当事者の参加権」をいかに保障するかが問題とされる。部落差別解消推進法の活用にあたっても、この点に留意することが重要になろう。当事者団体との協議の場を設けるなど、これらの者の意見を反映させるために必要な措置を講ずるべきだということになろう。当事者参加のもとに活発な協議がおこなわれることが望まれる。

問題は、国・自治体と当事者団体などとの関係である。「部落解放運動への提言―一連の不祥事の分析と部落解放運動の再生へむけて」(二〇〇七年一二月)は、「行政と運動団体幹部の癒着」について厳しく批判しているからである。いびつな関係の再発は、法の活用に大きな支障が生じることになる。そのための努力が双方に求められる。行政の主体性・中立性・公平性の確保が課題になろう。

残された課題

◉実態にかかる調査

「部落差別の実態に係る調査」の具体については、おそらく、法務省において、「新たな差別を生むことがないよう」(参議院附帯決議)に留意しつつ検討されることになるのではないかと推察される。

問題は、焦点の明確化である。同対審答申によると、「心理的差別と実態的差別とは相互に因果関係を保ち相互に作用しあっている。すなわち、心理的差別が原因となって実態的差別をつくり、反面では実態的差別が原因となって心理的差別を助長するという具合である」などと分析されているからである。

「心理的な差別」も含めた「部落差別の実態」についての調査としては、自治体の実施した「同和問題の解決に向けた実態等調査報告書」が参考になろう。多くの自治体では、同和問題に関する、あるいは人権・同和問題に関する意識調査が実施されている。これらの調査を参考にすることも一案といえよう。

差別が表面化しないことをふまえて、一〇〇〇人ヒアリング調査などの「被差別体験調査」をおこなうことも有識者から提言されている。ちなみに、国が設置したハンセン病問題検証会議は、被害実態調査班を設け、約一年間にわたって被害実態調査をおこない、調査結果を「ハンセン病問題に関する被害実態調査報告」などにまとめた。このような調査方法も検討に値しよう。法務省人権擁護機関や自治体が処理した「部落差別事件」も、「心理的な差別」の調査および分析の対象となろう。

これらの「行政データ」のほか、民間のデータもみられる。部落解放・人権研究所によって、二〇一三年九月に立ち上げられた差別禁止法研究会が取り組んだ「部落差別」に関する実態調査もそのひとつである。「調査」の「実施方針」「実施計画」を策定するにあたって、参考になろう。

インターネットでの部落差別についても、調査の対象とすることが求められよう。部落差別解消推進法の提案者によると、「部落差別」の実態例のひとつとして「インターネットの書き込み」などがあげられているからである。インターネットでの差別被害については、その特徴として、伝播《でんぱ》による被害の拡散性のほか、ひとたび書き込まれた場合、消去が困難などの点があげられている。これらの特徴を明らかにし、新たな救済方法を検討することも、法の求める「調査」の内容となろう。有識者からは、期間を設定したインターネットのサイトの一斉点検作業なども提案されている。

法案の国会審議ではふれられなかったが、国土交通委員会では、「差別につながる土地調査」の問題が取り上げられた。二〇一一年一〇月から施行の大阪府の改正「部落差別事象に係る調査等の規制等に関する条例」によると、個人調査をおこなう「興信所・探偵社業者」に加え、新たに「土地調査等を行う者」が規制の対象にされた。そして、「土地調査等を行う者」の遵守事項として、「調査又は報告の対象となる土地及びその周辺の地域に同和地区があるかないかについて調査し、又は報告しないこと」「同和地区の所在地の一覧表等の提供及び特定の場所又は地域が同和地区にあることの教示をしないこと」が定められ、「土地調査等を行う者」が遵守事項に違反した場合は、知事による勧告や事実の公表ができることとされた。これらの規制によって「差別につながる土地調査」が撲滅されたかも、部落差別解消推進法にいう

「調査」の対象となろう。この点にかかわって、都府県を抽出して宅建業者に対する調査を実施してはという提案もみられる。

◉人種差別撤廃委員会による日本政府あての勧告の履行

国連人種差別撤廃委員会の「日本の第七回・第八回・第九回定期報告に関する最終見解」は二〇一四年九月に配布された。「勧告」は二九項目にもおよんでいる。

人種差別を禁止する特別かつ包括的な法の欠如についても、「委員会は、条約第一条及び第二条に従って、人種差別の被害者が適切な法的救済を追求することを可能にする、直接的及び間接的双方において人種差別を禁止する特別かつ包括的な法を採択することを促す」と勧告されている。

国内人権機構の設置についても、「委員会は、人権委員会設置法案の検討を速やかに再開し、適切な人的及び財政的資源並びに人種差別の申立てに対処するための権限を与えつつ、パリ原則（国連総会決議 48/134）に完全に従って、独立した国内人権機構の設置の観点からその採用を推進することを勧告する」とされている。

部落民の状況についても、「委員会は、締約国が、その立場を修正し、部落の人々と協議し、部落民の明確な定義を採択することを勧告する。委員会はまた、締約国が、とりわけ部落民の生活環境に関し、二〇〇二年の同和特別対策の終了に伴ってとられた具体的措置に関する情報及び指標を提供することを勧告する。委員会はさらに、締約国に対し、差別的な行為にさらされ得る戸籍情報への違法なアクセスから部落民を保護し、戸籍の違法な濫用に関連する全ての事件を捜査し、責任者を処罰するために法を実効的に適用することを勧告する」とされている。

これによると、部落差別解消推進法の制定によっても人種差別撤廃委員会の勧告が履行されたとしえないことは明らかであろう。自由権規約委員会の勧告の履行も残された課題である。差別撤廃委員会の勧告に先立ち、二〇一四年八月に配布された「日本の第六回定期報告に関する最終見解」でも、二五項目にわたって勧告されている。そのなかには、国内人権機構にかかる勧告、性的指向及び性別認識に基づく差別にかかる勧告、ヘイトスピーチ及び人種差別にかかる勧告、先住民族の権利にかかる勧告が含まれているからである。部落差別解消推進法の意義は特筆されるものがあるが、国際的にみて、残された課題も大きなものがあるといわざるをえない。

部落差別解消推進法の可能性
障害者差別解消推進法、ヘイトスピーチ解消推進法との比較を通じて

丹羽雅雄

はじめに

二〇一六年は、差別解消の推進に関する三つの個別法が施行された。障害者差別解消推進法（二〇一六年四月一日施行）、ヘイトスピーチ解消推進法（同年六月三日施行）、部落差別解消推進法（同年一二月一六日施行）がそれである。本稿では、これら三法施行の経緯、法の概要、意義と課題、相違点と共通点について比較検討し、部落差別解消推進法の可能性について述べ、「規制・救済」と「組織」に関する人権法制度の構築にむけて何をなすべきかについて検討する。

障害者差別解消推進法

◉法施行にいたる経緯

障害者差別解消推進法（「障害を理由とする差別の解消の推進に関する法律」）は、障害者基本法（一九七〇年法律第八四号）の基本的理念にもとづき、二〇〇六年に国連で採択された障害者権利条約の趣旨をふまえ、二〇一一年の改正基本法第四条において規定された「差別の禁止」という基本原則を具体化する法律として位置づけられるとともに、国連障害者権利条約の締結にむけた国内法整備の一環として、二〇一三年六月一九日に成立し、二〇一六年四月一日に施行された法律である。この間日本は、二〇一四年に国連障害者権利条約を批准している（一四一番目）。

◉法の概要

①目的

解消推進法第一条は、同法の目的として、「全ての障害者が、障害者でない者と等しく、基本的人権を享有する個人としてその尊厳が重んぜられ、その尊厳にふさわしい生活を保障される権利を有することを踏まえ、障害を理由とする差別の解消の推進に関する基本的な事項、行政機関等及び事業者における障害を理由とする差別を解消するための措置等を定めることにより、障害を理由とする差別の解消を推進し、もって全ての国民が、障害の有無によって分け隔てられることなく、相互に人格と個性を尊重し合いながら共生する社会の実現に資することを目的とする」と定める。

②国および地方公共団体の義務および責務

解消推進法第三条は、「国及び地方公共団体は、この法律の趣旨にのっとり、障害を理由とする差別の解消の推進に関して必要な施策を策定し、及びこれを実施しなければならない」と定める。

同法第七条一項では「行政機関等は、その事務又は事業を行うに当たり、障害を理由として障害者でない者と不当な差別的取扱いをすることにより、障害者の権利利益を侵害してはならない」と定め、不当な差別的取扱いを禁止し、同条二項では「行政機関等は、その事務又は事業を行うに当たり、障害者から現に社会的障壁の除去を必要としている旨の意思の表明があった場合において、その実施に伴う負担が過重でないときは、障害者の権利利益を侵害することとならないよう、当該障害者の性別、年齢及び障害の状態に応じて、社会的障壁の除去の実施について必要かつ合理的な配慮をしなければならない」として合理的配慮義務を明記している。

また、解消推進法は、障害者差別解消のための支援措置として、同法一四条において、国および地方公共団体は、差別に関する相談に的確に応じ、差別に関する紛争の防止又は解決を図るための必要な体制の整備を図ることを定める。同法第一五条は、国および地方公共団体の義務として、「障害を理由とする差別の解消について国民の関心と理解を深めるとともに、特に、障害を理由とする差別の解消を妨げている諸要因の解消を図るため、必要な啓発活動を行うものとする」と定め、秘密保持義務（同法一九条）および報告義務（同法一二条）に各違反した場合の罰則を定めている。

◉意義と課題

解消推進法は、障害という事由にもとづくすべての分野の差別解消を図る初めての具体的立法であり、「不当な差別的取扱いの禁止」を行政機関等と事業者に課し、「合理的配慮」を行政機関等には義務とし、事業者には努力義務とした。また、基本方針案の作成や国や地方自治体の機関に対する「対応要領」、事業者に対する「対応指針」の策定にあたり、障害者政策委員会（基本方針案）や障害者その他の関係者の意見を反映させることなどが明記され、差別に関する相談、啓発活動、差別解消のための取組のための障害者差別解消支援地域協議会を組織することができるとしている。

しかし、解消推進法は、障害を理由とする差別の定義がなく、禁止される「不当な差別的取扱い」の内容が不明確であり、直接差別、間接差別、関連・起因差別などの「不均等待遇」と「合理的配慮の不提供」として再定義する必要がある。また、民間事業者に対して合理的配慮を努力義務としている。さらに新たな救済機関の設置規定がなく、既存の紛争解決制度の利用に限定されており、実効的な救済と紛争解決が行われないおそれがある。

解消推進法には、衆・参院での多数の附帯決議があり、とりわけ、障害女性や障害児に対する複合差別の現状認識を図ること、上乗せ・横出し条例の可能性、施行後三年を待つことなく見直しをすることなど、注目にあたいする決議事項がある。

ヘイトスピーチ解消推進法

◉法施行にいたる経緯

増悪差別煽動《せんどう》（ヘイトスピーチ）は、戦前、戦中、戦後においても、旧植民地出身者とその子孫である在日コリアン、とりわけ朝鮮学校で学ぶ女生徒に対して日常的に行われてきた。近時、ヘイトスピーチが社会問題化されたのは、「在日特権を許さない市民の会」（二〇〇七年一月結成）など人種差別を標榜《ひょうぼう》する団体が、路上でのヘイト街宣を公然と行い、インターネットにヘイト動画を投稿するなどし、京都朝鮮第一初級学校に三度に及ぶ襲撃事件を起こし（京都地裁、大阪高裁、最高裁は人種差別と認定し、損害賠償と差し止めを認容）、東京・新大久保《しんおおくぼ》や大阪・鶴橋《つるはし》などで「良い韓国人も悪い韓国人もどちらも殺せ」などと生命抹殺を唱導する言動を行ったことがマスコミに報道されるにいたったことによる。

ヘイトスピーチ抑止の立法化の契機は、自由権規約委員会（二〇一四年七月二三日）と人種差別撤廃委員会（同年八月二八日）の勧告、二〇一五年二月、外国人人権法連絡会（学者、弁護士、市民団体で結成）の「人種差別撤廃基本法モデル案」の発表、同年五月の野党議員による「人種差別撤廃施策推進法案」の国会上程である。この野党案への対案として、二〇一六年四月、政権与党からヘイトスピーチ解消推進法（「本邦外出身者に対する不当な差別的言動の解消に向けた取組の推進に関する法律」）が国会上程され、第二条の「不当な差別的言動」の定義に「著しく侮蔑する」が修正加筆され、附則二項に見直し条項が追加されて、同年五月二四日に成立し、六月三日施行にいたった。

この間、五月二六日、参議院法務委員会において「ヘイトスピーチの解消に関する決議」が全会派一致で採択されている。また、二〇一六年一月一五日、大阪市では、「大阪市ヘイトスピーチへの対処に関する条例」が成立している。

◉法の概要

①前文

同法前文には、「我が国の地域社会から排除することを煽動する不当な差別的言動が行われ、その出身者又はその子孫が多大な苦痛を強いられるとともに、当該地域社会に深刻な亀裂を生じさせている」とし、「このような不当な差別的言動は許されないことを宣言するとともに、更なる人権教育と人権啓発などを通じて、国民に周知を図り、その理解と協力を得つつ、不当な差別的言動の解消に向けた取組を推進すべく、この法律を制定する」と明記されている。

②目的および基本理念

解消推進法第一条は、同法の目的として、「本邦外出身者に対する不当な差別的言動の解消が喫緊の課題であることに鑑み、その解消に向けた取組について、基本理念を定め、及び国等の責務を明らかにするとともに、基本的施策を定め、これを推進することを目的とする」とする。

また、同法第三条は、「国民は、本邦外出身者に対する不当な差別的言動の解消の必要性に対する理解を深めるとともに、本邦外出身者に対する不当な差別的言動のない社会の実現に寄与するよう努めなければならない」とする。

③責務

同法第五条は、国および地方公共団体に対して、不当な差別的言動に関する相談に的確に応じることを定め、同法第六条第二項は、国とともに、地方公共団体の責務として「国との適切な役割分担を踏まえて、当該地域の実情に応じ、本邦外出身者に対する不当な差別的言動を解消するための教育活動を実施するとともに、そのために必要な取組を行うよう努めるものとする」とする。また、同法第七条第二項は、国とともに、地方公共団体の責務として「本邦外出身者に対する不当な差別的言動の解消の必要性について、住民に周知し、その理解を深めることを目的とする広報その他の啓発活動を実施するとともに、そのために必要な取組を行うよう努めるものとする」とする。

●意義と課題

ヘイトスピーチ解消推進法は、人種差別撤廃基本法ではなく、外国出身者へのヘイトスピーチに特化した理念法であるが、在日外国人に対する差別的言動が、被害者の「多大な苦痛」と

「地域社会に深刻な亀裂を生じさせている」という害悪を認め、その解消を「喫緊の課題」（第一条）であるとして「差別的言動は許されないことを宣言する」（前文）ものであり、日本における初めての反人種差別理念法としての意義を有する。

しかし、明文解消推進法では、保護対象者を「適法に居住するもの」に限定し、反差別法のなかに差別的要素を混入させたこと、「差別禁止条項」がないこと、「不当な差別的言動」（二条）からの保護の対象として、アイヌ、琉球《りゅうきゅう》・沖縄などを含む人種的・民族的マイノリティが入っていないこと、本来、差別的言動は人種差別の一形態であるにもかかわらず、「不当な差別的取扱い」が除外され、人種差別撤廃条約の趣旨・目的から乖離《かいり》していること、国の責務に対して、地方自治体は努力義務となっていること、基本的施策の内容がすでに実施されている相談、教育、啓発に限定され、国に基本方針策定や調査の義務がなく、審議会の設置がなく、実態調査や被害者からの意見聴取が義務づけされておらず、財政上の措置もないことなど、法の実効性が弱いという課題が存在する。

他方、衆・参院での附帯決議、参議院法務委員会での決議は、解消推進法では明記されなかった、人種差別撤廃委員会からの要請や保護対象者の拡大などについて補充するべき有用な決議がなされており、解消推進法と一体のものとして実効化されなければならない。

部落差別解消推進法

部落差別解消推進法（「部落差別の解消の推進に関する法律」）は、二〇一六年一二月一六日に公布・施行された理念法であるが、戦後初めて部落差別は許されないものであると規定し、部落解放基本法案の宣言法的部分と教育・啓発法的部分を実現し、相談体制の充実と国による実態調査の実施を明記した法律である。

同法制定の理由については、「現在もなお部落差別が存在するとともに、情報化の進展に伴って部落差別に関する状況の変化が生じていることを踏まえ、全ての国民に基本的人権の享有を保障する日本国憲法の理念にのっとり、部落差別は許されないものであるとの認識の下にこれを解消することが重要な課題であることに鑑み、部落差別の解消を推進し、もって部落差別のない社会を実現するため、部落差別の解消に関し、基本理念を定め、並びに国及び地方公共団体の責務を明らかにするとともに、相談体制の充実等について定める必要がある」としている。

解消推進法の施行にいたる経緯、法の概要、意義と課題の詳細については別稿に譲ることとする。

部落差別解消推進法の可能性

◉三つの解消推進法の相違点と共通点

障害者差別解消推進法は、すべての分野での差別の禁止と合理的配慮義務を明記する、障害者権利条約の国内法整備のための具体化立法であるが、他の差別解消二法はいずれも理念法であり、差別禁止条項はない。また、部落差別解消推進法に明記された国による実態調査規定は、ヘイトスピーチ解消推進法には存在しない。他方、三法について共通している点として、障害者差別の解消、本邦外出身者に対する不当な差別的言動の解消、および部落差別の解消という目的を実現するため必要な施策を講じること、相談活動、必要な教育および啓発を行うことが定められている。

◉法の実効化にむけて何をなすべきか

①障害者差別解消推進法とヘイトスピーチ解消推進法の施行を受けた運動

障害者差別解消推進法の成立と施行は、障害をもつ当事者団体とそれを支援、連帯する人々とのねばり強い長期に及ぶ運動の成果であった。同解消推進法施行後も、「法を知らなければ差別は繰り返される」として、広く深く法の趣旨を市民に知らせること、法務省のみでなく関連省庁全体に対して各種提案書を提出すること、そのために、省庁ごとに分類した差別事例を収集・分析し提案書にまとめること、とりわけ、合理的配慮の提供の具体例を現実の生活場面

（教育、公共交通、サービスなど）から蓄積すること、全国一六カ所で差別解消推進法の施行を知らせるパレードを実施したこと、「法は育て、監視し、働きかける」として、法にもとづく相談窓口を使って申し立て運動キャンペーンを実施し、解消推進法のさらなるバージョンアップを図ることなど、学ぶべき事項は多い。

また、ヘイトスピーチ解消推進法施行を受けて、外国人人権法連絡会などの市民団体は、当事者団体とともに、解消推進法の実効化のために、国レベルでは、内閣府、法務省、文科省など関連省庁に対して実効化にむけた具体的要望書を提出し、地方自治体レベルでは、条例制定や公共施設の利用制限を求める運動を進めている。また、法務省が委託事業として実施した「外国人住民調査」（二〇一七年三月報告書策定）を活用し、包括的な人種差別撤廃基本法（条例）制定にむけた運動を進めている。

②部落差別解消推進法の実効化の運動を

部落差別解消推進法は、理念法ではあるが部落差別解消の推進のための法律であり、相談、教育・啓発とともに国による実態調査が義務づけられている。この国の実態調査に、被差別当事者や運動団体が自ら実施した実態調査やインターネットによる差別実態、被差別当事者への聞き取りなどの生活現場からの事例を集積し反映させうるか、市民の部落問題に関する意識調査を実施させうるかが重要である。そして、解消推進法の実効化のために、関連省庁に対して提言や要望活動を行うこと、自治体に対しては、県・市議会で部落差別解消にむけた質問や知事の答弁を引き出すこと、予算化や担当部局を明確化させることなど、部落差別解消推進法に「熱と光」を照《あ》て実効化させる運動課題は待ったなしに多い。

そして、これら実効化運動のなかからこそ、あらゆる被差別当事者にとって普遍的に共通する法規範、とりわけ、「規制と被害者の救済」、それを担う人権委員会の設置などの人権法制度の構築が実現しうる。そのためにも、歴史と運動実績のある部落解放運動は、障害者運動やヘイトスピーチ解消運動などの社会的マイノリティ団体・個人の運動と、それを支援・連帯する反差別・人権運動がより広く深く結び合う「要石」となることが問われている。

「人間解放」にむけた確信とその実現にむけた運動の熱、それを引き継ぐ次世代の育成があるかぎり、部落差別解消推進法の可能性は多大である。

部落差別解消推進法と国・地方公共団体の施策のあり方

北口末広

部落差別解消推進法の内容や施行事実を広く啓発すべき

法は人の行為を変え、行為は人の態度を変える。さらに意識を変える。法制定・公布・施行は、それだけで人々の意識に多大な影響を与える。また法的システムは、「人と人との関係」にも大きな影響を与え、「差別・被差別の関係」を「平等な関係」に変革することにも積極的な役割を果たす。さらに部落差別の定義や基準設定にも好影響を与える。しかしこうしたことが実現するためには、法施行が広く知られなければならない。

残念ながら、「部落差別の解消の推進に関する法律」（部落差別解消推進法）の施行を認知している市民の割合は、一〇％に満たないと推測されている。これでは法施行の啓発効果を期待できないだけでなく、法を具体化する原動力も大きくならない。国・地方公共団体の施策のあり方を考える大前提として、法の執行機関である各級行政機関が、法の内容や施行事実を広く啓発することが求められている。

また、以下に記す具体的課題の実現に関して、部落差別解消推進法で明記されていない財政的措置と体制整備を明確に行う必要性を付言しておきたい。人的配置と体制整備、それらに伴う財政的措置は政策遂行の基盤的条件である。それらが実現できなければ、多くの施策計画は「絵に描いた餅」になってしまう。さらに本法では、地方公共団体にかかわる条項は努力義務になっているところが多い。たとえ努力義務であっても、地方公共団体の場合、その義務を果たす責任は他の団体以上に重いことも指摘しておきたい。

首長の見解と今後の姿勢を明確にする必要がある

上記のためにも第一に、地方公共団体の責任者である首長が、部落差別解消推進法が成立し公布・施行されたことへの見解と今後の姿勢を明確にする必要がある。その見解と姿勢は都道府県や市町村行政に大きな影響を与えるだけではなく、議会関係者や住民にも積極的な影響を与える。

第二に、本法第二条で示された基本理念を実現し、第三条で明記されている「国及び地方公共団体の責務」を確実に実行するために、「国は、前条の基本理念にのっとり、部落差別の解消に関する施策を講ずる」ための「基本計画」「基本方針」と「具体的施策計画」を策定しなければならない。また「地方公共団体は、（中略）その地域の実情に応じた施策を講ずるよう努めるものとする」との規定をふまえ、「基本計画」「基本方針」と「具体的施策計画」の策定を行うことが必要である。

第三に、第四条の「その地域の実情に応じ、部落差別に関する相談に的確に応ずるための体制の充実を図るよう努めるものとする」との規定をふまえ、具体的な体制の充実について人的・財政的・制度的に確立する必要がある。

多くの機能をもつ相談体制の構築を

その際、部落差別に関する相談体制の重要性をふまえ、以下に紹介する一一の機能をふまえた相談体制の充実が求められる。

具体的には、相談に対応することによって、統計数字には表れない社会の矛盾が明らかになることもあり、実態調査や意識調査の項目や分析視点も提供され、差別や人権侵害事件の端緒を把握することにもつながる。差別に苦しむ人々の苦悩という生の声を把握することができ、正確な現実を把握することができるという「**①実態把握機能**」をもたなければならない。これらは第六条で示された部落差別実態調査の実施と重なる重要機能である。

そのほかにも、具体的で多様な相談事例が多様な解決方策を提示する「**②解決・救済方策提示機能**」をもち、相談の原因・背景を正確にとらえるために問題点や背景の分析を行い、相談内容から的確で強力な政策提言ができるようになるという「③分析・政策提言機能」をもつ相談体制が求められる。これら以外にも、行政機関や市民団体などの課題を示す「④課題設定機能」や、複数の施策・手法を講じることが必要になるなどの「⑤コーディネート機能」なども求められる。さらに相談者の問題を解決するネットワークが必要になることから「⑥ネットワーク創造機能」も構築されることになる。ほかにも「⑦データ集積機能」「⑧人材育成機能」「⑨自己実現支援機能」「⑩情報発信機能」「⑪立法事実提示機能」などの機能と役割が必要になってくる。こうした機能は、部落差別撤廃の取り組みを大きく前進させる可能性をもち、本法の基本理念とも合致する。

信頼される実効的な相談体制の整備を

以上のような多様な機能をもつ相談体制でないと、信頼される相談機関にはならない。信頼されていない相談機関に差別や人権侵害の被害者である相談者はこない。たとえば専門的な教育を受けた人が相談担当者になっていなければ、多くの相談は解決しない。これらは過去のデータからも明確である。

二〇〇〇年に大阪府によって実施された大阪府部落問題実態調査のなかの「同和地区内意識調査」では、「差別を受けた後、どのように対処したか」という質問に対し、「行政（人権擁護委員等を含む）に相談（連絡）した」と回答した人が一・二％だけとなっており、一〇〇人に一人しか相談（連絡）していない現状が明らかになっている。

部落差別を受けた被害者である部落出身者の九八・八％が、公的機関に対処・救済を求めていないのである。つまり、これまでの人権救済機関が部落出身者からほとんど信頼されていないということであり、これがもっとも深刻な問題である。これは部落出身者に限らず、他の被差別者も同様の数値であると推測できる。法務省・法務局の人権擁護システムの歴史と今日の状況をみれば、機能不全に陥っていることが一目瞭然である。

こうした状況を克服するような部落差別解消推進法にもとづく実効的な相談体制が求められているのである。これから構築されようとしている人権相談システムが、これまでの人権擁護システムと同じような歴史を歩むことがないように十分注意していく必要がある。

現在の人権侵犯事件調査処理規程にもとづく人権侵犯事件件数をみれば顕著である。ネット上の人権侵犯事件は膨大であるにもかかわらず、統計上の事件件数はわずかである。なぜなら多くの人々が法務省・法務局を当てにせず、相談にも行かないからである。それらの悪循環が連綿と続いてきた。これらの悪循環を断ち切る相談体制の構築が求められている。

形式的な役に立たない相談体制しかできず、実効性のある人権相談システムが構築されなければ、マイナスの影響を与える。先に示したように、解決・救済・支援が十分にできない相談機関に人々は相談に行かない。多くの問題を抱えた人々が相談に行かなければ相談件数が少なくなり、相談事案が発生していないと誤解される。それは差別や人権侵害の現状を軽視する傾向に結びつく。さらに差別撤廃にむけた具体的な取り組みの必要性も軽視されることになる。実効的な相談・救済機関ができれば、持ち込まれる人権侵害事案は飛躍的に増加する。潜在的な人権侵害は膨大な量があり、確かな人権相談・救済機関と明確な基準があれば、それらの潜在的な人権相談・侵害事案が人権相談・救済機関に持ち込まれてくる。

連携体制、人材養成、総合窓口、ネット対応などの整備を

また、相談体制の構築のために、二〇〇一年九月に出された大阪府同和対策審議会答申（以下「府答申」という）が、重要な示唆を与える。以下に紹介しておきたい。「府答申」は、「人権にかかわる相談体制の整備」に言及し、次のように明記している。

府は、（中略）人権にかかわる問題が生じた場合に、身近に解決方策について相談できるよう、行政機関をはじめ、ＮＰＯ・ＮＧＯ等さまざまな関係機関において、人権侵害を受けまたは受けるおそれのある人を対象とした人権相談活動のネットワークを整備していくことが求められる。その際、人権にかかわる相談には、さまざまな要因が絡み合っているものも少なくないことから、解決のための手だてを本人が主体的に選択できるようにする必要があり、そのためには、きめ細かな対応を行うため、（中略）地区施設における相談機能の充実も含めて、複合的に幅広く相談窓口を整備していくことが求められる。

また、自らの人権を自ら守ることが困難な状況にある府民については、相談窓口から個別の施策や人権救済のための機関へつなぐことも重要である。

府においては、こうした観点から、関係機関の協力を得ながら、具体的な人権相談を実施している機関相互間の連携体制の確立、人権相談を受ける相談員の技能向上等を図る人材養成、具体的な事例をもとにした人権相談に関するノウハウの集積などを図り、人権に関する総合的な相談窓口機能を整備する必要がある。

全国的にも参考にすべき内容である。

設置される相談体制において、「府答申」が指摘しているように、機関相互間の連携体制の確立、人権相談を受ける相談員の技能向上などを図る人材養成、具体的な事例をもとにした人権相談に関するノウハウの集積などを図り、人権に関する総合的な相談窓口機能が整備される必要がある。単なる窓口の設置だけで終わらせてはならない。

さらに、時代とともに変化・発展していく人権基準や人権相談内容に合致した人権相談システムを創造していくことも重要である。

人権問題は社会の進歩、科学技術の進歩とともに、より高度で複雑で重大な問題になっていく。それらのより高度で複雑で重大な人権問題に対応できる相談体制も求められている。近年、インターネット上で多種・多様な人権侵害事象が発生している。このような問題にも的確に対応できるシステムが必要である。

「教育基本方針・計画」「具体的方針・計画」の策定を

第四に、第五条の２では「地方公共団体は、国との適切な役割分担を踏まえて、その地域の実情に応じ、部落差別を解消するため、必要な教育及び啓発を行うよう努めるものとする」との規定が置かれている。これらの規定を具体化するために、以下の点について明確にしなければならない。

まず①国・地方公共団体や教育委員会において、部落差別撤廃（解消）教育の定義について明らかにすべきである。

さらに②「部落差別撤廃教育基本方針」や「部落差別撤廃教育基本計画」「具体的方針・計画」を策定することが求められる。

③「地域の実情に応じ」た教育内容・カリキュラム・教材などを、学校教育、社会教育、職場教育などの教育分野ごとに地方公共団体や教育委員会で作成することも必要である。具体的な教育を推進するときには、カリキュラム・教材なくしてできない。

④として法第一条の「情報化の進展に伴って部落差別に関する状況の変化が生じていることを踏まえ」という点を重く受け止め、電子空間上の部落差別を克服する教育・啓発を推進するための教育内容・カリキュラム・教材などを教育分野ごとに作成することが求められている。

今日においては部落差別撤廃教育での最重要課題といえる。

ネット上の差別扇動行為に対応できる教育体制を

電子空間などのネット上には差別事件や差別扇動が横行しており、それらも含めた部落差別の現実を正確に把握する必要がある。これは今日の部落差別実態を正確に把握するうえでも欠かせないことである。ネット上の部落問題に関する情報は、多くの点で誤っており、偏見を助長する内容になっている。これらの情報に接した人々のなかには、誤った認識のまま他の人々に拡散しつづけている者もいる。

換言すればネット上の情報は、部落差別助長教育、いわゆる偏見や差別意識を流布する行為を日々行っているといっても過言ではない。とくに若者はこれらの情報にさらされており、これらに対抗できる部落差別撤廃教育の推進やネットリテラシー教育が焦眉の課題になっている。上記に紹介した教育・啓発の課題もネット上の差別状況をふまえて推進する必要がある。

以上のことを具体的方針として実行していかないと、本法第五条は具体的な政策にならない。また上記の教育内容・カリキュラム・教材などを教育分野ごとに作成する際、部落差別・人権侵害事件を予防・発見・救済・支援・解決できる視点を堅持することも重要である。人権教育や部落差別撤廃教育の目的は、すべての人の人権が尊重され、自己実現できるような社会を創造し、それらを担う人間を育てるためであり、そのためには現実の人権課題が人権教育の原点でなければならない。現実の人権課題を担う相談体制と部落差別撤廃教育の連携を十分に図ることも重要な課題である。

電子空間上の差別事案に対する徹底した取り組みを

私たちは、電子空間もそれを悪用する差別扇動者も十分に制御できていない。このような現状をふまえた取り組みがあらゆる分野、あらゆるレベルで求められている。それらの取り組みを地方公共団体や国は率先して推進すべきである。先駆的な地方公共団体では取り組みが始まっているが、十分な成果を上げることができていない。すべての都道府県や市町村に「〇〇県（市・町・村）電子空間人権侵害事件対策本部」が設置されることが重要な一歩になるといえる。それらの対策本部でネット上の差別事象や人権侵害事象の現実を把握し、事象の差別性や問題点、背景・原因、克服すべき課題と具体的方針・政策を明確にして取り組んでいく必要がある。そうした取り組みを推進しなければ、ネット上の差別事象は克服されない。

一九七五年に「部落地名総鑑」差別事件が発覚したときは、法務省や地方公共団体で同様の対策本部が設置された。部落差別解消推進法が、あえて「情報化の進展に伴って」という規定を法律全体の要約ともいえる第一条に入れたことをふまえ、「部落地名総鑑」差別事件と同様の取り組みを展開しないと部落差別撤廃は前進しない。

また、本法第五条では「国は、部落差別を解消するため、必要な教育及び啓発を行うものとする。／2　地方公共団体は、国との適切な役割分担を踏まえて、その地域の実情に応じ、部落差別を解消するため、必要な教育及び啓発を行うよう努めるものとする」と記し、部落差別「意識」だけではなく「部落差別」を解消するための教育及び啓発の必要性を明記しており、被差別部落の低学力などの課題も部落差別撤廃教育の重要な課題であるという認識をもたなければ、「部落差別解消」のための教育とはいえない。また、教育にかかわっては部落差別以外の多くの社会的課題が存在しており、それらの課題克服と結びつけるかたちで部落差別撤廃教育を推進しなければ真に前進しない。

調査手法を駆使して実態調査の実施を

第五に、本法第六条では「国は、部落差別の解消に関する施策の実施に資するため、地方公共団体の協力を得て、部落差別の実態に係る調査を行うものとする」と規定されている。これらの条文をふまえ、「施策の実施」のために差別事件、意識、実態、社会システムなどの各分野の現実について、あらゆるデータと調査手法を駆使した実態調査を国や地方公共団体は早期に取り組むべきである。そのためにも、現場を知っている地方公共団体が国に先駆けて、これまでの調査実績をふまえ、被差別部落の生活実態をはじめ被差別部落内外の意識状況や差別事件の実態を、電子空間上も含めて把握すべきである。差別事件の把握に関しては、その差別性や背景・原因、課題などの分析も重要であることを付け加えておきたい。

調査手法に関しても、用紙を配布したこれまでの生活・教育・雇用などの調査だけではなく、国勢調査や行政データを活用した分析、被差別体験の聞き取り分析など、多種多様な手法を駆使する必要がある。人の身体に例えるなら、あらゆる医療機器を駆使して病の原因を探るのと同様の緻密さが求められる。医療も、問診をはじめ血液検査やレントゲン検査、MRIやペットなど多様な手法を駆使して病の原因を明らかにし、治療方針を選定していく。これらと同様の緻密さが部落差別実態調査にも求められる。

そうした実態把握を行わないかぎり、数百年（「解放令」以降でも約一五〇年）続いた差別という社会の「病」を根治することはできない。電子空間上の差別実態に関しても、集約するために活用できるソフトも開発されている。つまり部落差別解消推進法の目的を実現するためには、部落差別の原因に迫れる多種多様な実態調査が求められていることを忘れてはならない。

最後に繰り返しになるが、今日の部落差別実態把握に際して、電子空間上の差別実態や差別扇動の正確な把握と分析を徹底して行うことが最重要課題のひとつであることを申し上げておきたい。

部落差別解消推進法と日本の人権救済制度

金子匡良

はじめに

ここ数年で「解消」を名称に含む法律が三つ成立した。二〇一三年に制定された「障害者差別解消法」（正式名＝障害を理由とする差別の解消の推進に関する法律）と、二〇一六年に制定された「ヘイトスピーチ解消法」（正式名＝本邦外出身者に対する不当な差別的言動の解消に向けた取組の推進に関する法律）と、そして本書が取りあげる「部落差別解消推進法」（正式名＝部落差別の解消の推進に関する法律）である。

これらの法律は、それぞれの差別の存在を国として明確に認め、その「解消」が国および自治体の責務であると明言した点に意義を有するが、他方、どのような施策でこの「解消」を実現するかについては、不十分さを否定できない。たとえば、部落差別解消推進法は、部落差別解消のための施策として、①相談、②教育・啓発、③実態調査の三つを漠然と掲げるだけで、具体的に何をどのように実施していくかは、今後の検討にゆだねている。したがって、法律が掲げたこれらの施策を充実化させ、速やかに実施することはもちろんのこと、それに加えて、より実効性のある差別解消策を構築していかなければ、この法律はまさに「絵に描いた餅」になりかねない。

上記三つの施策については、本書所収の別稿で詳細に論じられているため、本稿では、とくに相談に連なる救済策に重きを置いて、あるべき被害救済の内容を論じていく。いうまでもなく、相談は相談を受けるだけでは意味がなく、相談を受けたうえで、どのような救済策を図っていくかが重要だからである。

日本の人権救済制度——その経緯と現状

日本において「人権」が政策課題として意識されはじめたのは、戦後になってからである。明治憲法は「人権」ではなく「臣民の権利」という用語を採用し、しかもそれは法律の範囲内で恩恵的に保障されるにすぎなかった。したがって、人権救済は政策の対象ではなく、むしろ「臣民の権利」をいかに制限するかが政府の課題であった。

これが一新されるきっかけとなったのが現行憲法の制定である。現行憲法が、人権を「侵すことのできない永久の権利」(一一条)とし、「国政の上で、最大の尊重を必要とする」(一三条）と規定した結果、人権救済は主要な政策課題となったのである。しかし、当時の日本には人権救済を扱う行政官庁が存在しなかった。そこで、一九四八年に設立された法務庁（現在の法務省）のなかに、人権擁護を担当する部局として人権擁護局が置かれ、それと同時に、人権擁護局のもとに人権擁護委員制度が整備され、人権に理解のある民間人に、ボランティアとして人権擁護のために働いてもらうという体制が整えられた。

人権擁護局による救済措置は、現在では、①援助（被害者に対する関係機関の紹介や法律上の助言等）、②調整（当事者間の関係調整）、③要請（関係者に対する必要な措置の要請）、④説示（加害者に対する反省・善処の説示）、⑤勧告（加害者に対する人権侵害行為の停止・再発防止の勧告）、⑥通告（関係行政機関に対する事実の通告）、⑦告発（警察等に対する告発）という七つが定められているが、このうち援助による処理が毎年九割以上を占め、加害者に対する説示は一％〜二％程度で、勧告にいたってはほとんど行われていない。また、調整も〇・一％〜〇・二％ほどであり、結局、人権侵害を受けた当事者が被害を申し立てても、相談に応じ、アドバイスを行うという処理が圧倒的に多数となっているというのが現状である。部落差別解消法は「解消」のための施策として第一に相談をあげているが、相談の結果、援助しか受けられないということになれば、当事者から信頼され、活用される制度にはならないであろう。

実効的な救済策①——関係調整

では、差別の解消のために効果的な救済策はどのようなものなのであろうか。そのひとつは、右に述べた人権擁護行政ではほとんど活用されていない関係調整を活性化させることであろう。関係調整とは、被害者と加害者のあいだに中立的な第三者が入って両者の主張を聞き、妥当な解決策を探し出すことであり、差別の解消には、この手続きが効果的である。

差別は、財産に対する侵害とは異なり、金銭で賠償すれば解決するというものではない。差別は個人の人格や人としての尊厳の否定であるがゆえに、心の傷を修復できなければ「解消」したとはいえない。また、差別を受けた側の被害も、人によって異なる。したがって、ケースバイケースの対処が必要となるのだが、このためには、定型的な解決策を上から当てはめるのではなく、当事者が互いの思いを述べ、その対立や食い違いを埋め合わせていく作業が必要となる。つまり、「当てはめる解決」ではなく、「創り出す解決」にしなければならないのであり、これを効果的に実現できるのが、当事者間の関係調整なのである。

実効的な救済策②——謝罪と赦し

関係調整はケースバイケースのものであるため、そこでめざすべき救済の内容も事案に沿って考えていかなければならないが、ここでとくにふれておきたいのが、これまで日本ではあまり省みられることのなかった謝罪の意義についてである。差別を受けた者は、保護されるべき権利利益を毀損されるだけではなく、自尊心や人としての尊厳を傷つけられる結果、大きな心理的・精神的ダメージを負うこととなる。このようなダメージを修復するものとして効果的とされるのが謝罪である。

社会心理学者の大渕憲一によれば、謝罪は、①負事象の認知（＝自分の行為によって被害が生じたことを認める）、②責任受容（＝自己の責任を認める）、③悔悛《かいしゅん》表明（＝反省を表明する）、④被害者へのいたわり（＝被害者の苦しみを理解し、その緩和に努力する）、⑤更生の誓い（＝加害行為を繰り返さないことを誓う）、⑥赦《ゆる》しを請う（＝被害者の赦しを求める）という六つの要素から構成されるべきであり、このなかでも②の責任受容と③の悔悛表明が謝罪の中核的要素であるという。[*1] 大渕によれば、それは、この二つの要素が、被害者の心理的ショックを緩和し、自尊心を回復させ、再被害の不安を解消するとともに、加害者への処罰感情を満たすという効果をもっとも直接的に果たすからである。このような効果を有する謝罪を差別の解消策のなかに取り込むことができれば、差別を受けた者の心理的治癒につながり、救済をより実効化できるであろう。

また、責任受容と悔悛表明に支えられた謝罪は、当事者間の関係性修復の機能も有する。近時、紛争解決学の領域で注目を集める「紛争変容理論」では、紛争をあってはならない否定的なものとしてとらえるのではなく、紛争を変容の機会として積極的に位置づけ、紛争の解決を変容の過程としてとらえなおすことを主張する。[*2] そこでは、紛争解決の過程を通じて、紛争当事者が自律性や連帯感を取り戻し、また紛争に対する客観的視点を獲得することによって「変容」を遂げることが重要視され、そうした変容を実現できるような関係調整の実現が模索される。

紛争変容理論では、変容の促進要因として、「謝罪」とそれに対する「赦し」が不可欠であるとされ、この両者が響き合って当事者が相互に変容したとき、紛争が解決したということができる。ここでの謝罪は、それがもし表面的なものに終始すれば、被害者の赦しという変容と結びつくことはできない。そこで、先にあげた謝罪の要素、とりわけ責任受容と悔悛表明が重要になるのである。このように、責任受容と悔悛表明に支えられた謝罪が、被害者の赦しと結びつき、当事者の変容がもたらされたとき、差別は文字通り「解消」されるのである。

実効的な救済策③——関係調整における当事者性の重視

謝罪と赦しによる関係性の修復のためには、当事者間の調整を担う第三者の能力が重要になる。紛争の当事者は、互いに敵対的な感情を有していることが多いがゆえに、介在する第三者のサポートなしには関係性の修復を図ることはできない。

これについて民訴法学者であり弁護士である中村芳彦は、裁判上の調停のあり方を考察するなかで、従来、調停の制度論や技法論のなかに埋没していた調停実施者の役割論に焦点を当て、調停実施者に必要とされる意識や能力を検討している。[*3] 中村は、調停を行う第三者は、前例や定型的なプロセスに拘泥することなく、「あくまで当事者自身によって語られた事実や想いの中から、共に暗闇の中で揺れながら、手探りで方向性を探り、問題を明確化しつつ、とりあえず次へと繋いでいくプロセス自体に価値を認めていくという方略」を基礎としつつ、①当事者自身の解決能力を引き出し、促進する「触媒」としての役割、②当事者相互間をつなぐ「媒介者」としての役割、③自らを当事者のひとりであると認識する「当事者性」、④両当事者の心理的負担の緩和を図る「ケア型の関係形成」を担うことが必要であると説く。

中村の描く調停者像は、定型的な上からの公共性としての紛争解決ではなく、当事者の対話のなかから生み出される紛争解決をめざすものであり、先に見た紛争変容理論にも接合する。謝罪と赦しによる関係性の修復のためには、このような調停者の媒介が不可欠であろう。

実効的な救済策④——当事者団体の介在

では、右に述べてきたような関係調整を実現するために、どのような制度設計が必要であろうか。ひとつの可能性は、当事者団体あるいは当事者に近い関係者による関係調整である。この点、当事者団体などによる関係調整では、公正性や中立性が失われるのではないかという疑念があるかもしれないが、先に述べたような関係修復的な調整を実現するためには、むしろ当事者に近い者が調整に当たるほうが効果的である。

ひとつの例をあげよう。近年、障害者差別を解消するための条例が各地で制定されており、そのなかでは、自治体ごとに独自の紛争解決制度が設けられているが、そのうち北海道障害者条例*4（正式名＝北海道障がい者及び障がい児の権利擁護並びに障がい者及び障がい児が暮らしやすい地域づくりの推進に関する条例）では、道内を一四の圏域に分けたうえで、圏域ごとに「地域づくり推進員」を委嘱し、この地域づくり推進員が中心となって、障害者から申し立てられた差別事案を解決することになっている。

このうち、道内最大の都市である札幌《さっぽろ》を含む石狩《いしかり》圏域の地域づくり推進員には、条例制定（二〇〇九年）以来、障害者の当事者団体であるＤＰＩ北海道ブロック会議のメンバーが就いてきた。筆者は、現在の推進員である東智樹氏と、前推進員であった我妻武氏にインタビューを行ったことがあるが、その際に印象的だったのは、自分が障害者であるからこそ、障害者の困難や苦痛がわかるとともに、自分が障害者であるからこそ、障害者を説得することができるという話であった。たとえば、事業者と障害者がトラブルになり、激しい対立となった場合でも、障害者である推進員が仲介者として関係調整をすれば、事業者も一定の非を認める一方、障害者も納得してくれることが多いという。これは、当事者の立場に近い者があいだに入ったほうが、前述した中村が言うところの、当事者性のある関係調整が実現しやすいためであろう。

日本においては、「中立」とはまったく利害関係のない第三者的立場を指すことが多いが、それを形式的に追い求めすぎると、かえって当事者間の関係調整が滞ったり、関係を悪化させることもありうる。差別の解消のためには、北海道条例の運用に倣《なら》って、当事者の感覚や思いを関係調整のプロセスに反映させるために、当事者団体を効果的に介在させることを検討すべきであろう。

おわりに

近年相次いで成立した三つの「解消法」は、日本の法制度に新たな課題を提起した。それは、差別の「解消」を図るために、具体的に何をしていくべきかという問題である。差別は禁止すれば解消するものではない。差別を真に「解消」していくためには、効果的な教育・啓発とともに、実効的な救済と結びついた相談制度を整備しなければならない。この点を真剣に検討し、果敢に実行していかなければ、「解消」は看板倒れに終わるであろう。

そのような意味で、部落差別解消推進法はこれまでの部落解放運動のひとつの到達点であるとともに、新たな出発点でもあるのである。

＊1…大渕憲一『謝罪の研究―釈明の心理とはたらき』東北大学出版会、二〇一〇年
＊2…外村晃「『解決』から『変容』へのパラダイムシフト―二つの調停モデルからみる紛争の変容と寛容性」安川文朗＝石原明子（編）『現代社会と紛争解決学―学際的理論と応用』ナカニシヤ出版、二〇一四年
＊3…中村芳彦「紛争処理過程における第三者の役割」山本顯治（編）『紛争と対話』法律文化社、二〇〇七年
＊4…北海道庁による略称は「北海道障がい者条例」であるが、本稿では便宜上、「北海道障害者条例」と称する。

部落差別解消推進法と学校教育

調査からみる若い世代の意識

阿久澤麻理子

地対財特法が法期限を迎えたあとも、部落問題にかかわる教育は、「人権教育・啓発推進法」(二〇〇〇年)のもとで継続・推進されてきた。しかしながら地対財特法の失効が、学校・地域の同和教育を支えてきた制度的枠組みを大きく変え、それが人びとの部落問題に対する意識を変えてきたことも事実である。ここ数年、各地の自治体が実施してきた市民意識調査の結果をみると、部落問題にかかわる法・制度の時系列での変化が、そのまま世代間の意識の差につながっていること、とりわけ二〇歳代の若い年代層の回答傾向が、他の年代とは異なっていることに気づかされる。こうした変化はもちろん、消極的なものばかりではないが、これからの学校での部落問題にかかわる取り組みを考えるためには、変化が何を示唆しているのかを考える必要がある。そこで本稿では、近年の意識調査の結果をもとに、若い年代層の意識について検討する。

なお、その特徴は一言でいうと、「部落について習い、知識はあるが、具体的な出会いがない」ことである。若い年代層にとっての部落像は、抽象的なイメージや観念にとどまっており、それゆえインターネットなどの外部情報から影響や操作を受けやすい。このような抽象化に対抗することは今後の教育の大きな課題であるが、「どうあるべきか」に単一の答えがあるわけではない。本稿をその方策を共に考える一歩としたい。

「若者の共生意識調査」（二〇一四年）

二〇一四年の四月から五月、近畿・中国地方（京都、滋賀、大阪、兵庫、鳥取）の国公私立あわせて一二大学で、学部生を対象にアンケート調査を実施した。[*1] 二八六七人の回答者は、数人を除いて全員が二五歳未満で、二〇歳未満が七割弱を占める。

アンケートでは、マイノリティ集団との接触の経験を聞いている。あなたの身近な人のなかに、「障害のある人」「在日韓国・朝鮮人」「日本で暮らす外国の人（在日韓国・朝鮮人を除く）」「性的マイノリティ」「被差別部落の人」などがいるかどうか、「自分自身がそうである」「家族や親族にいる」「親しい友人にいる」「知人にいる」「いない、わからない」から一つを選ぶよう求めたところ、「いない、わからない」と答えた割合がもっとも高かったのは、「被差別部落の人」（八七・四％）であり、「性的マイノリティ」（七八・九％）、「在日韓国・朝鮮人」（五六・五％）、「日本で暮らす外国の人（在日韓国・朝鮮人を除く）」（五一・七％）、「障害のある人」（四四・八％）と比べても断然高い割合となった。

ところで別の設問では、学校での部落問題学習の経験を聞いており、全体の七一・三％が小学校から大学までのあいだに、部落問題について学んだ経験がある、と答えていたから「部落問題を知ってはいても、具体的な人との出会いがない」者が圧倒的多数だということになる。

このことは法期限後に、学校で部落問題の「学び方」が変わったためではないか、と筆者は考えている。「法がない＝法の対象地域がない＝対象地域や対象地域の出身者を特定することは差別（アウティング）になる」という、行政的な認識が浸透し、学校が、「部落差別はいけない」と抽象的にしか教えなくなり（たとえば地域教材から歴史を学んだり、フィールドワークに出かけたり、地域の暮らしや人の生きざまを聞き学ぶ実践などがなくなった）、学習者は具体的な人や地域と出会うことがなくなった。そのことが、「いない、わからない」という回答の背景にあるのではないか。

出会いがなければ、リアリティを感じたり、実感をもつことはむずかしい。最近は大学の授業で部落問題を取り上げても、「部落問題は学校で習ったり、聞いたりしたことがあるけれど、それがどこにあるかわからないし、知り合いもいない……だからそれほど気にならないし、差別があると思わない」とか、だから「自分は差別しないと思う」という感想を寄せる学生が増えている。

だがこのような若者の意識は、ある意味、脆弱《ぜいじゃく》である。「部落」がだれかにとってのふるさ

表1　同和地区出身の友人・知人の有無

		いない、またはわからない	親しいとはいえないが、いる	親しく付き合っている人がいる	家族・親族がいる	回答なし
18･19歳	n=25	80.0%	4.0%	12.0%	0.0%	4.0%
20歳代	n=94	71.3%	16.0%	5.3%	1.1%	6.4%
30歳代	n=166	71.1%	16.9%	5.4%	2.4%	4.2%
40歳代	n=234	54.7%	22.2%	10.7%	6.0%	6.4%
50歳代	n=192	41.7%	29.7%	17.2%	4.7%	6.8%
60歳代	n=248	45.6%	27.0%	13.3%	3.6%	10.5%
70歳以上	n=314	42.4%	29.9%	10.8%	2.9%	14.0%
年齢不明	n=31	41.9%	22.6%	16.1%	0.0%	19.4%
総数	n=1304	51.5%	24.6%	11.3%	3.5%	9.0%

とであり、暮らしの場だという理解や、そのだれかは自分の友人であり、仲間であるという「つながり」の実感がなければ、若者世代にとっての部落は、単なる抽象的観念、イメージにすぎない。抽象的観念やイメージは、外部からの情報によって操作され、変容しやすい。あえていうと、部落の「地名」を、血の通わない記号のように扱い、ネット上にばらまく示現舎の行為は、このような意識の空白に巧妙につけ入るものである。

人権についての姫路市市民意識調査（二〇一六年）

ところで、兵庫県姫路《ひめじ》市が二〇一六年一一月に実施した市民意識調査でも、「同和地区[*2]出身の友人・知人の有無」を聞いている。ただし、こちらは一八歳以上の市民を母集団とする標本調査[*3]であったので、結果を年代別に比較することが可能である。

「いない、またはわからない」「親しいとはいえないが、いる」「親しく付き合っている人がいる」「家族・親族がいる」から一つを選ぶよう求めたところ、**表1**のとおり、「いない、またはわからない」は全体では五一・五%だが、年代による差が大きく、若い年代ほど割合が高い。なお、「一八・一九歳」は母数が少ないので、「二〇歳代」以上に注目

について初めて知った経路

学校の授業で教わった	TV・ラジオ・映画・新聞で知った	書籍で知った	講演会や学習会で知った	市や県の広報紙や冊子で知った	はっきり覚えていない	その他	同和地区や同和問題のことは知らない	回答なし
64.0%	0.0%	0.0%	0.0%	0.0%	12.0%	0.0%	12.0%	4.0%
45.7%	0.0%	0.0%	0.0%	0.0%	20.2%	4.3%	16.0%	3.2%
48.2%	1.2%	0.0%	0.6%	0.0%	6.0%	0.6%	7.8%	8.4%
53.4%	0.4%	0.4%	0.4%	0.0%	7.3%	1.3%	3.8%	8.5%
47.4%	1.0%	1.0%	1.6%	0.0%	3.1%	2.1%	2.1%	9.9%
21.4%	2.8%	1.6%	5.2%	0.8%	10.9%	1.2%	2.0%	6.5%
5.7%	2.2%	1.9%	6.1%	1.3%	12.7%	2.5%	1.9%	11.8%
25.8%	9.7%	3.2%	3.2%	0.0%	9.7%	0.0%	3.2%	19.4%
33.3%	1.7%	1.1%	2.9%	0.5%	9.6%	1.8%	4.3%	8.9%

して割合を比較すると、「いない、またはわからない」は、「二〇歳代」「三〇歳代」では七割あるが、「四〇歳代」では五割台、「五〇歳代」以上では四割台と徐々に低くなっている。

ところで、年代別での差が大きいのは、「同和問題の認知経路」や「学校での学習経験」でも同様であった。

「同和地区や同和問題について初めて知ったのはどこからであったか」（表2）と聞き、家族・親族、近隣、職場、友人、学校、各種メディアなどの選択肢から選ぶよう求めたところ、全体では「学校の授業」が三割強、「父母から」が約二割でもっとも多かった。だが、「学校の授業」をあげた割合は、「五〇歳代」以下と、「六〇歳代」以上では大きく異なる。「五〇歳代」以下では四割台後半〜五割台だが、「六〇歳代」で二割、「七〇歳以上」では五％程度にすぎない。代わりに「六〇歳代」以上では、「父母」や「祖父母」をあげる者が相対的に多くなる。

「学校での同和問題・人権問題の学習経験」（表3）については、「小学校」「中学校」「高校・高等専修学校」「短大・大学・専門学校（それ以上の学校も含む）」「はっきり覚えていない」「学校で学んだ経

表2　同和地区や同和問題

		祖父母から聞いた	父母から聞いた	その他の家族から聞いた	親戚の人から聞いた	近所の人から聞いた	職場の人から聞いた	友人から聞いた
18·19歳	n=25	0.0%	8.0%	0.0%	0.0%	0.0%	0.0%	0.0%
20歳代	n=94	0.0%	8.5%	0.0%	0.0%	0.0%	0.0%	2.1%
30歳代	n=166	3.6%	19.9%	0.6%	0.6%	0.0%	1.8%	0.6%
40歳代	n=234	3.8%	15.8%	0.4%	0.0%	0.9%	1.7%	1.7%
50歳代	n=192	5.2%	20.8%	0.5%	0.5%	0.5%	1.0%	3.1%
60歳代	n=248	10.1%	29.4%	0.8%	1.2%	2.8%	1.2%	2.0%
70歳以上	n=314	9.6%	26.4%	2.2%	0.6%	7.3%	2.9%	4.8%
年齢不明	n=31	0.0%	9.7%	0.0%	0.0%	6.5%	6.5%	3.2%
総数	n=1304	6.1%	21.4%	0.9%	0.5%	2.7%	1.8%	2.6%

表3　学校で同和問題・人権問題を学んだ経験（複数回答）

		小学校で学んだ	中学校	高校·高等専修学校	短大·大学·専門学校	はっきり覚えていない	学校で学んだ経験はない	回答なし
18·19歳	n=25	48.0%	36.0%	20.0%	0.0%	24.0%	16.0%	0.0%
20歳代	n=94	60.6%	46.8%	13.8%	6.4%	21.3%	8.5%	1.1%
30歳代	n=166	65.1%	32.5%	9.0%	4.2%	23.5%	8.4%	0.0%
40歳代	n=234	81.2%	44.4%	11.5%	3.8%	12.0%	3.0%	0.0%
50歳代	n=192	64.1%	48.4%	13.0%	2.1%	10.9%	5.2%	1.6%
60歳代	n=248	21.8%	26.2%	10.1%	2.0%	27.0%	29.8%	4.0%
70歳以上	n=314	10.8%	15.0%	5.1%	0.3%	28.7%	44.3%	9.9%
年齢不明	n=31	19.4%	19.4%	0.0%	0.0%	45.2%	16.1%	16.1%
総数	n=1304	44.8%	32.4%	9.7%	2.5%	21.9%	20.0%	3.8%

験はない」から選ぶよう求めたところ（複数回答）、全体では、義務教育である「小学校」「中学校」がそれぞれ四割台、三割台となり、高い割合となった。ただし、ここでも小・中学校の学習経験は、「五〇歳代」以下と「六〇歳代」以上のあいだで差が開く。「小学校」「中学校」での学習経験は、「六〇歳代」以上では一～二割にすぎないが、「五〇歳代」以下では「小学校」が六割以上、「中学校」約三割～五割弱と高い。なお、「小学校」での学習経験のピークは「四〇歳代」で、八割を超えている。

表4　年齢階層別・教育経験

	生　年	小学校入学	中学入学	1969年	2002年
18·19歳	1997～1998	2004～2005	2010～2011		4歳～5歳
20歳代	1987～1996	1994～2003	2000～2009		6歳～15歳
30歳代	1977～1986	1984～1993	1990～1999		16歳～25歳
40歳代	1967～1976	1974～1983	1980～1989	～2歳	26歳～35歳
50歳代	1957～1966	1964～1973	1970～1979	3歳～12歳	36歳～45歳
60歳代	1947～1956	1954～1963	1960～1969	13歳～22歳	46歳～55歳
70歳～	1946以前	1953以前	1959以前	23歳～	56歳～

（2016年末時点。早生まれ考慮せず）

それでは年代による差は、時系列での法・制度の変化とどのようにかかわっているのであろうか。表4は、姫路市の調査が行われた二〇一六年を基準として、各年代層の生年、小中学校への入学年、一九六九年（特措法施行）・二〇〇二年（地対財特法失効）時点での年齢を示したものである（早生まれは考慮せず、あくまで大まかな目安である）。これを見ると、全員が一九六九年から二〇〇二年の「法期限内」に小学校に入学し、中学校を卒業している年代は、「三〇歳代」「四〇歳代」のみである。ただし「五〇歳代」の最年長者（一九五七年生まれ）は八歳（小学校二年）の時点が同和対策審議会答申（一九六五年）と重なるので、「五〇歳代」も同和教育との接触経験は豊富だと考えられる。これに対して「二〇歳未満」は全員が法期限後に小学校に入学している。

世代によって異なる部落との出会い

姫路市調査は、部落外にある者の、部落との出会い、あるいは部落の「見え方」が、世代によって異なることを示している。「六〇歳代」以上では、家族から初めて部落を知った者が相対的に多いが、私的な情報源ゆえ、差別的内容も少なくなかったであろう。またこの年代は、同和対策事業が始まる以前の部落の姿を記憶している者も多いであろう。

これに対して、「五〇歳代」以下になると、最初の認知経路は「学校」に大きくシフトし、義務教育での学習経験をもつ者の割合も高い。「五〇歳代」以下は、教育を通じて、反差別のことばを通じて、部落に出会うようになっている。

一方、部落出身の友人・知人の有無をたずねられると、世代が下がるにつれ、「いない、わからない」割合が増える。同和対策事業による物的環境の変化、教育・啓発の積み重ねなどによって、部落を差別的にまなざし、意識し区別する心性が弱まったことも、変化の背景にあろう。だが、それにしても、「三〇歳代」以下で「いない、わからない」割合の上昇率が大きい。そこには、冒頭で述べたような、学校教育の変化――具体的な地域や人に出会う教育実践が行われなくなったこと――が影響しているのではないか。

総じていうと、「六〇歳代」以上の年代層は、具体的な生活経験のなかで、部落や部落出身者が「見えて」いるが、若い年代層は学ぶ（＝教えられる）ことによって、部落と出会い、具体的な部落の姿が「見える」ようになる。そこには学校で何を教えられるかが大きく影響するので、学校で部落問題の取り上げ方が変わると、部落は「知っていても、具体的に出会わない、見えない」存在となる。

ところで、部落出身の友人・知人が「いない、わからない」と答えた者のなかには、自分自身が当事者（部落出身、あるいは部落につながりをもつ）でありながら、自らの出身や立場を知らない、という者も含まれる。法期限後に、解放学級や地域の子ども会活動のありようが変化したり、活動じたいが行われなくなったり、地域と学校の連携が弱まったことなどが、子どもたちのアイデンティティを育《はぐく》む取り組みに影響しているからである。

部落差別があるかどうか「わからない」と答える若者

部落の具体的な姿に出会っていないので、若い年代は「部落差別があると思うか」とアンケートで質問をされても、「わからない」と答える割合が高い。

姫路市調査では、いくつかの場面を示し、「同和地区や同和地区の人びとに対して、現在も差別があると思うか」を聞いているが、「就職」「結婚」など、若い年代に身近なことがらでも、「二〇・三〇歳代」では「わからない」割合が高い。「結婚差別があると思うか」という質問では、「わからない」割合は「四〇歳代」より上の年代層は二割台だが、「二〇・三〇歳代」では四割前後となった。「就職」では、「わからない」割合は、「四〇歳代」以上で三割前後だが、「二〇歳代」で約四割、「二〇歳代」以下では約五割であった。[*4]

インターネット情報の影響

部落に対する抽象的イメージや観念は、外部からもたらされる情報によって、容易に変容する。それゆえ、インターネットの影響は重大である。

鳥取ループ・示現舎が「全国部落調査」をネット上にアップし、その復刻版の予約販売をインターネット書店で試みたのは二〇一六年初頭のことである。これは一九三六（昭和一一）年に政府の外郭団体が、融和事業を進めるための資料として作成した内部文書で、全国五〇〇〇以上の被差別部落の地名などが記載され、一九七五年に存在が発覚した『部落地名総鑑』の原本になったといわれる。それゆえ、これを出版したり、インターネット上で公開することは差別を助長・誘発するとして、部落解放同盟は出版・販売の差し止め、インターネット上のデータ削除を求める仮処分の申し立てを行い、裁判所はこれを認める決定を行った。しかし、『復刻・全国部落調査』の出版が差し止められると、同じデータを載せた書籍に異なるタイトルをつけネット上で販売するなどした。また、ネット上の情報はコピーされて広がり、複数のサイトからいまだに閲覧可能な状態にある。示現舎とその代表・取締役に対して、現在、部落解放同盟と二〇〇人を超える個人が出版禁止・掲載禁止・損害賠償を求める裁判を起こしている。

こうしたサイトの情報を見た子どもが、差別発言をする事件が学校でも起きている。これをきっかけに、子どもらが「具体的な出会い」を通して部落問題を学ぶよう、取り組みはじめた学校もある。校区に部落のある学校で、その地域から講師を学校に招聘《しょうへい》し、反差別への思いなどを子どもたちに話してもらうのである。学校が、準備のために地域と何度も話し合いを重ねたことはもちろんだが、校区というコミュニティのなかにある部落に、子どもたちが顔の見えるつながりをもったこと、同じ校区にマイノリティの仲間がいることに気づいたこと、その大切な経験を次にどうつなぎ、差別に向き合うコミュニティを築いていくのか、大きな期待をもって見守りたいと思う。

もちろん、各地の学校、地域の状況はそれぞれに異なるから、こうした取り組みが一律にどこでもできるわけではない。だが、それぞれの実情に応じた「知識だけではない学び」のありようを模索し、つくりだしていくことは、すべての学校の課題である。

一方、インターネットを意識して始めた取り組みではないが、法期限後も、保護者が主体となって子ども会活動を継続してきたある地域では、一般施策となった子ども会活動に部落外からも多数の子どもが参加するようになって、地域の集会所で共に学ぶようになった。「ムラの子ばかりではないので、立場を自覚するような取り組みはしにくくなったが、人権や反差別という大切な価値を集会所で一緒に学んだ経験が、将来同和問題に出会ったときに、仲間意識を持ち続けることにつながると思う」との声が地元から聞かれた。[*5] 子どもたちが、お互いの思いを安心して語り合い、受け止め合える場があること、つながりを育てることもまた、抽象化に抗する大切な取り組みである。差別を包囲するのは、人のつながりだからである。

社会的合意を引き継ぐ

ところで、ネット上に拡散した部落の地名を住宅地図などと重ね合わせれば、そこに住む個人が特定され、重大な差別が起こる可能性がある。だが、こうした訴えに対して鳥取ループ・

示現舎側は、地名じたいは特定の個人と結びつくわけではなく、地名の特定を行ってもプライバシーの侵害にはあたらないと主張した。地名の公開は「人」権侵害にあたらない、というのである。

このことは、同和・人権教育にかかわる者にとって重大な問題を提起している。というのも、部落地名総鑑事件をふまえ、少なくとも「部落の所在を特定しようとする行為は、差別・排除につながる不適切な行為である」ことを社会的合意として、私たちは同和・人権教育に取り組んできたからである。鳥取ループ・示現舎の行為は、こうした社会的合意を踏みにじり、これに真っ向から挑戦するものである。教育は反差別の社会的合意を次世代に伝えつづけていく責任がある。

また、部落の所在地を明らかにすることが、なぜ差別につながるのかを理解するには、歴史の基本的な知識——封建時代には身分と職能によって居住地の制約があったことなど——も必要である。実はこうした基本的な理解がなければ、鳥取ループ・示現舎の主張の問題点も理解できない。部落問題について、基本的な知識も伝えつづけねばならないのである。

*

部落差別解消推進法には、差別を規制する力はない。差別の解消は、教育と啓発に大きくゆだねられている。「今」をみすえ、思いと知恵の限りをつくし、差別に抗する教育を生み出していく、根拠としなければならない。

一方、「その先」にむけた構想と取り組みも求められる。本法は「部落差別」を冠した法であるが、その定義は設けられていない。何が差別であり、解消しなければならない行為なのか、考え、議論を重ねていくことは、差別がマジョリティの行為であるがゆえに、重要である。また、法の第一条に「情報化の進展」という文言が入ったとおり、ＩＴ技術によって、差別の扇動、助長・誘発行為の影響力は計り知れないほど大きいものとなっている。これから、どのような法・制度、政策が求められるのか、それらを考え、議論を重ね、つくりだす力をつけるのも、また教育の役割である。

＊1…公益財団法人世界人権問題研究センター『若者の共生意識調査報告書』二〇一五年三月

＊2…姫路市の調査票は「同和地区」「同和問題」と表記しているので、調査の質問や回答の選択肢を記す場合は、その表記通りとした。

＊3…調査の実施月（二〇一六年一一月）の、前月末時点での一八歳以上人口は四四万七三四三人である。そこから住民票を台帳として三〇〇〇人を無作為抽出し（地域ブロック・性別・年齢階層別に比例割当）、郵送法により調査を実施した（人口比二・〇二％の外国籍住民を含む）。回収された有効回答票は一三〇四票であった。

＊4…なお、「結婚」については、「差別があると思うか」だけでなく、回答者自身の意識についても聞いている。子どもの結婚相手が「同和地区出身者」「日本で生まれ育った在日韓国・朝鮮人」「日本に定住したベトナム人」「車いすが必要な人」などであった場合、親としてどのような態度をとるのか、相手が女性の場合、男性の場合に分けて聞いたところ（「問題にしない」「親としては反対だが子どもの意志が固ければ仕方な

い」「考え直すように言う」「わからない」から一択)、「二〇歳代」では、「同和地区出身者」の場合にのみ、「わからない」割合が高くなった。「相手が女性の場合」二五・五%、「相手が男性の場合」二七・七%あるが、他のマイノリティ集団の場合には、一〇%弱~一〇%台後半である。

＊5…『「法期限」後の同和・人権教育と学校―出身教師の聞き取りから―』二〇一五年度公益財団法人世界人権問題研究センター個人研究報告書、二〇一五年三月

部落差別解消推進法と部落差別をなくすための啓発

上杉孝實

啓発の現状と法の意義

部落差別をなくすための啓発活動は、人権啓発の一環として行われてきた。二〇〇〇年には、「人権教育及び人権啓発の推進に関する法律」が制定され、それにもとづいて二〇〇二年に策定された「人権教育・啓発基本計画」のなかでも、人権課題として「同和問題」があげられ、その解決にむけての取り組みが促されてきた。しかし、多くの人権問題をとりあげるなかで、部落問題に関する啓発の位置づけが弱まったところが少なくない。二〇〇二年に「地域改善対策特定事業に係る国の財政上の特別措置に関する法律」（地対財特法）の期限がきても、問題のあるかぎり取り組みの展開が必要とされ、とくに啓発活動の継続が課題であったが、国や自治体の施策で後退がみられた。講演会や研修会でも、順繰りに個々の人権問題をテーマとして、部落問題を一度とりあげたあとは、しばらくそれにふれることがないといった状態が目立った。

この間にも、身元調査や、住居や土地の購入にかかわっての差別事件、インターネットなどを用いての差別行為、新たな地名総鑑事件、ヘイトスピーチなどの問題が生起している。部落内外の結婚が多くなっているにもかかわらず、自治体が行ってきた人権意識調査でも、このことにためらいを示す人が二〜三割程度はあり、部落内や部落を含む校区内の物件購入を避ける人が三〜四割程度ある。五〇歳代以下の世代では、学校で同和教育を経験した人が多いが、二〇歳代以下では、停滞がみられ、水平社について学んでいても、それを現代とのかかわりで理解していない人も多い。一九六五年の国の同和対策審議会答申については、若い層では知らない人が多いのである。部落問題を具体的に把握していない人が多くなっていることが懸念される。

国の人権教育や啓発では、「思いやり」の強調、「人権の花運動」の展開など心がけや心情レベルに力点を置いたものが目立ち、人権問題の根源に迫ることとは距離のあるものが多かった。新自由主義の広がるなかで競争があおられ、非正規労働が増え、格差が生じ、子どもの貧困が増大するなどの状況のもとでは、同和教育が掲げてきた「差別の現実に学ぶ」ことが必要になっているのである。

このようなとき、「部落差別の解消の推進に関する法律」（部落差別解消推進法）が制定されたとの意義は大きい。そこでは、相談体制の充実などとともに、国や地方公共団体の教育・啓発への取り組みを促している。第五条で、「国は、部落差別を解消するため、必要な教育及び啓発を行うものとする。／2　地方公共団体は、国との適切な役割分担を踏まえて、その地域の実情に応じ、部落差別を解消するため、必要な教育及び啓発を行うものとする。」と定めているのである。

二割ほど存在する「そっとしておけば自然に差別がなくなる」という考えでは、知らずに差別を広げたり、誤解によって問題解決を妨げることになりかねない。ネット情報などで差別を助長する言動が飛び交うことによって、ストレスや抑圧を感じている人々の不満のはけ口を被差別者への攻撃に向け、真の問題解決への道から遠ざけることにもなるのであって、部落問題について学ぶ機会の拡充が課題になっているのである。

啓発における法の活用

人権啓発において、部落問題を法に照らしてきちんと位置づけなければならない。その意味でも、部落差別解消推進法の周知徹底を図ることが肝心である。この法が成立するまでに、部落解放基本法制定要求の運動があり、国にあっても一九九六年に人権擁護施策推進法の制定、人権擁護推進審議会の設置があって、その答申を受けて二〇〇二年には人権擁護法案が、二〇一二年には人権委員会設置法案が国会に提出されながら、国会解散で廃案になるなどの経緯があって、今回の法の制定にいたったことを示しながら、法の理解を進めることが求められる。法の前文に、「情報化の進展に伴って部落差別に関する状況の変化が生じていることを踏まえ……」と記載され、ネットなどを通じて差別が広がることに対し、その対策とともに充実した啓発の展開が急がれねばならないのである。

「全ての国民に基本的人権の享有を保障する日本国憲法の理念にのっとり、部落差別は許されないものであるとの認識の下にこれを解消することが重要な課題……」と、あらためて憲法で示された基本的人権の問題であることが強調され、部落差別の解消が国や地方公共団体の責務であることがうたわれているのであって、この点をふまえた啓発を、国や自治体がなおざりにすることはできないのである。

法第六条が、国が地方公共団体の協力を得て、部落差別の実態に係る調査を行うことを規定していることに着目し、そこにも示される差別の現実から学び、それを規定しているものに注目して、その解決の道を連帯の力で歩むことができるようにすることも大切である。法第四条でうたわれている相談体制の充実によって、相談からみえてくる問題を把握し、啓発に活《い》かしていくことも望まれる。

人権は、差別などの問題の意識化を経て、人々の努力によって確立してきたのであり、その道程を学ぶことが重要である。人権の重要さ、そのもつ意味は、部落解放運動によって具体的に把握されるようになった面が大きい。職業選択の自由や婚姻の自由も、それを保障するための社会的取り組みを抜きにしては、空文になりかねない。就職にあたっての統一応募用紙の使用を求め、戸籍・住民票などの写し取得に際しての本人への通知制度を採用することなどはその一例である。教育の機会均等についても、義務教育教科書の無償化運動、奨学金制度の改善、識字運動などによって、実質化の努力がはらわれてきた。平等を実現するためには、不平等をもたらしているものを是正するために焦点化した施策が不可欠であることも、部落問題、ジェンダー問題、障碍《しょうがい》者問題などで明らかにされてきた。

人権問題は、それぞれ独自性をもちながらも関連しあっているのであり、部落問題への取り組みが、他の問題への取り組みにつながることを意識しての啓発が進められなければならない。これまでにも、個別課題への取り組みのなかで、基本的人権がどのようにかかわっているかを考えることが、人権を具体的に、自らに即してとらえることになることが指摘されてきた。個別課題に対応する法として先に制定された障害者差別解消法（「障害を理由とする差別の解消の推進に関する法律」）で、障害をもたらしている社会に目を向け、その改革のために合理的配慮を促したように、差別をもたらしているものに迫り、その変革を進めるものとして部落差別解消推進法を活用していくことが大切である。格差、貧困、不安定労働など、かつて被差別部落に集約的にあらわれた現象が、今日でも部落にみられるだけでなく、社会全体に広がっているなかで、部落解放への取り組みと関連させて、構造改革を進めるべき時期である。

人権啓発は重要であるが、部落問題の解決はあとは啓発によってであるとするのは、不適切である。地対財特法の期限以後、部落問題がもっぱら人権啓発課で扱われているところが少なくないが、就業、進学などまだ実態的差別が解消されているとはいえず、生活の安定・福祉の増進にむけての各部局の取り組みが必要であって、それらを抜きにしての啓発では、限界が大きい。部落差別解消推進法を活かすということは、総合的な施策の展開を伴うものであり、そのような施策と連動しての啓発が求められるのである。

今後の啓発の進め方

国や自治体が啓発を進めるにあたって重要なことは、住民の人権学習に資する機会や場、資料の提供である。ビラの配布、懸垂幕の利用、広報誌への記事記載など、いずれも問題提起としては意味があるが、継続した学びがあってこそ身に着いた成果が得られる。住民が互いの交流のなかで考えを出し合うことを支えるために、学習の場を整え、地域や職域での学習が容易になる仕組みづくりを進める必要がある。身近な地域で学ぶことを保障するために設けられてきた公民館が近年減少し、最盛期の四分の一が姿を消している。地域の生活を支え、福祉を増進し、人権啓発の場としての機能をもつ隣保館でも、廃止されたところが少なくない。国や自治体はこれらの拡充に努めなければならない。各自治体で、人権に関する集会の開催、展示、資料の収集と提供、調査研究、相談などの機能を備え、地域施設の援助にあたる、啓発の拠点としての人権啓発センターを設置することも望まれる。

部落問題学習は、多数を対象とした講演会形式のものだけでなく、地区懇談会などでの話し合い学習を重視してきたが、近年は参加型学習の名のもとに、ワークショップやゲーム的手法を取り入れての学習がよく行われるようになっている。そこでは、学習者の相互学習を促進する役割をもつファシリテーターが、さまざまな手法を身に着けていることが期待されている。しかし、学習方法は学習内容に規定されているのであり、部落問題学習にあたるファシリテーターには、部落問題についての識見が求められるのであって、そのことをふまえた研修が必要である。この点で、大阪府人権協会のファシリテーター養成講座などが参考になる。*1 被差別当事者の話を聞いたり、フィールドワーク（実地研修）を行うことも、問題を可視化し、感情の揺さぶりも含めて、学習効果をあげることができるのである。部落内外の交流を通じて人間関係を築くことが、偏見の打破につながるのである。

多くの人がインターネットによって情報を得る時代にあって、情報をモニタリングし、人権侵害のチェックを行い、その拡散を防止する措置を講じる一方、積極的にインターネットを活用して人権啓発を展開する必要がある。もっぱらネットで情報を得、それも自分に合ったものだけを採るといった人も目立つが、身近な問題と関連づけた情報の提示によって、事態の打開を図らなければならない。メディアを読み解く力を意味するメディアリテラシーを身に着ける学習の促進も重要である。

多数の人を集めての学習も大事であるが、日常的な会話などを通じてインフォーマルな学習がなされるうえで、多くの草の根リーダーが存在することが重要である。そのようなリーダーは、少人数学習を継続的に行うなかで育ってくることが多い。事例もとりあげながら考えを交流し、他者への働きかけについても学び、経験を重ねることによって、ふだんの生活場面で啓発活動を行うことが可能となるのである。また、部落問題など人権問題を正面からとりあげた学習だけでなく、さまざまな学習を人権の視点に立って進めることによって、多くの人の人権意識が高まることが期待される。

「人権教育のための国連一〇年」(一九九五年〜二〇〇四年)のあと、国連では「人権教育のための世界プログラム」(二〇〇五年〜)を展開してきたが、そこでは人権擁護の責務をもつ者、公務員、教員、法の執行官、軍関係者などの人権教育および人権研修に力点が置かれ、二〇一一年には、「人権教育及び人権研修に関する国連宣言」も出された。議員や司法関係者、企業経営者・管理者なども当然その対象となる。ジャーナリストとメディアの責任も問われている。このような国際的な動向をふまえての啓発がなされなければならない。国連の人権に関する条約ごとに設けられた委員会によって、その条約の各国における履行状況に対し、意見表明や勧告が行われているが、日本においては、政府による、そのことの周知と対応状況についての啓発が十分でないことが問題になる。

国の人権教育・啓発基本計画も策定後、個別人権課題の追加などはなされてきたが、基本的な改定は行われていない。部落解放・人権研究所は、二〇一一年に、国際的な動向や人権意識の現状などをふまえて補強を行うよう、全面改定の提起を行った。[*2]また、その啓発部会では、二〇一三年に部落解放・人権啓発基本方針（第三次）としての報告を行っている。[*3]そこでは、自らの人権確立との関連で、部落問題学習を進めること、そのためにも基本的人権の学習と結びつけること、人権問題学習のなかに部落問題学習を明確に位置づけること、部落問題など人権問題を互いに重ね合わせた学習を行うこと、まちづくりと結びついた部落問題学習、人権学習を行うことなどが課題とされている。啓発を有効なものにするためにも、大学など研究機関での、啓発に関する研究とその成果の普及も期待されるのである。

＊1…大阪府人権協会編著『やってみよう！ 人権・部落問題プログラム』解放出版社、二〇一二年

＊2…部落解放・人権研究所『人権教育・啓発に関する基本計画の改定案（第一次案）』部落解放・人権研究所、二〇一一年

＊3…部落解放・人権研究所啓発部会「部落解放・人権啓発基本方針（第三次）」『部落解放研究』一九九号、部落解放・人権研究所、二〇一三年一一月、九七－一〇七頁

部落差別解消推進法と部落差別の実態調査

谷川雅彦

実態調査は法具体化の一丁目一番地

「部落差別の解消の推進に関する法律」(以下、部落差別解消推進法)の具体化にあたって一丁目一番地の課題が、部落差別解消推進法第六条の具体化、すなわち部落差別の実態調査の実施である。第六条には「国は、部落差別の解消に関する施策の実施に資するため、地方公共団体の協力を得て、部落差別の実態に係る調査を行うものとする」ことが規定されている。

すでに法務省人権擁護局は、部落差別解消推進法施行をふまえ、本年(二〇一七年)二月、地方公共団体人権擁護事務所管課に対して「同和問題についての調査に関する照会について」を出し、部落差別の実態に係る調査の「内容や手法等を検討」するために、過去一〇年間に実施した同和問題についての実態調査資料の提供を依頼した。

部落差別解消推進法の具体化は実態調査にかかっているといっても過言ではない。部落差別解消推進法は「部落差別の解消に関する施策を講ずる」ことを国の責務とし、地方公共団体に「地域の実情に応じた施策を講ずるよう努める」ことを求めた。実態調査はまさに国や地方公共団体がどのような「部落差別の解消に関する施策」に取り組むのかを決定づける基礎資料になるのである。

かつて内閣同和対策審議会は、「答申」をまとめるにあたって審議会に調査部会を設置、全国の同和地区に関する「基礎調査」と全国一六カ所の同和地区を対象とした「精密調査」を実施した。「精密調査」では、同和地区の実態だけではなく、周辺住民の意識調査もあわせて実施された。

こうした調査の結果をふまえ、「答申」は部落差別の実態を「実態的差別」「部落差別事件」「心理的差別」の三つの領域でとらえ、「実態的差別」に対しては環境改善や個人給付、減免措置などを、「部落差別事件」や「心理的差別」に対しては相談や教育、啓発といった施策を実施することを求めた。そしてこうした施策の効果検証のために同和地区住民の生活実態調査、市民の部落問題意識調査、発覚した部落差別事件の集約分析調査などが定期的に実施されてきたのである。

政府に求める実態調査

部落差別解消推進法は、国が地方公共団体の協力を得て部落差別の実態調査を実施すると規定しており、何よりも重要なことは、国にどのような実態調査を実施させていくのかということである。

●部落差別事件の集約調査

国が地方公共団体の協力を得て実施すべき実態調査の第一は、発覚した部落差別事件の集約調査である。一九八三年以降、部落解放・人権研究所が事務局となって部落解放同盟が全国で把握した差別事件を集約し、『あいつぐ差別事件』として発行している。これらの事件のほとんどは市町村や都府県によって事実関係が確認されている。差別身元調査事件、結婚差別事件や就職差別事件、土地差別調査事件や差別発言事件、差別落書き事件など、政府がフォーマットを作成し、地方公共団体が確認した部落差別事件を集約することで、発覚した部落差別事件の実態を把握することができる。

●地方公共団体の実態調査の横断的分析

取り組むべき調査の第二は、法務省が地方公共団体に照会し集約した実態調査の横断的分析である。過去一〇年間に地方公共団体が実施した「市民の人権意識調査」「宅地建物取引業者の実態調査」「同和地区住民の生活実態調査」などの調査を横断的に分析し、市民が部落差別をどのように認識しているのか、住宅やマンションの購入にあたって部落の所在地情報がどのように調べられているのか、貧困と社会的格差が拡大するなかで部落の生活実態はどうなっているのかを把握することができる。

◉行政データを活用した実態調査

取り組むべき調査の第三は、行政データを活用した実態調査である。和歌山県（国勢調査を活用した実態把握を二〇〇七年度に実施）や大阪府（行政データを活用した実態把握は二〇〇五年度、二〇一一年度に実施、国勢調査を活用した実態把握は二〇一五年度に実施）などで、地対財特法（「地域改善対策特定事業に係る国の財政上の特別措置に関する法律」）失効後も国勢調査結果や地方公共団体が保有する行政データから「旧同和対策事業対象地域」のデータを抽出し、部落の生活保護率や大学進学率といった生活実態を把握する調査が実施されてきている。地対財特法失効後、一般対策を活用して解決に取り組むとされた課題の現状を把握するためには有効な方法である。

◉部落差別に関する意識調査

取り組むべき調査の第四は、市民と同和地区住民の双方を対象とした部落差別に関する意識調査である。部落差別解消推進法第五条が規定する「部落差別を解消するため、必要な教育及び啓発」の実施にあたってその前提となるのが、市民が部落差別をどのように認識しているのかという問題である。また、部落出身者の立場から市民の部落差別に関する意識を把握することも必要である。差別は加害の側と被害の側でそのとらえ方が大きく異なる。差別の実相を正確に把握するためにも双方の意識調査が求められる。二〇〇〇年に大阪府が実施した「同和問題の解決に向けた実態等調査」において同和地区住民の意識調査と大阪府民の意識調査が実施されており、二〇一五年と二〇一三年にもアイヌ問題に関する意識調査をアイヌの人々と市民の双方を対象に、内閣官房アイヌ総合政策室と内閣府政府広報室がそれぞれ実施しているのが参考になる。

●インターネット上の部落差別の実態調査

取り組むべき調査の第五は、インターネット上の部落差別の実態調査である。部落差別解消推進法は第一条で「情報化の進展に伴って部落差別に関する状況の変化が生じている」と部落差別の現状認識を示している。インターネット上での部落差別は、部落地名総鑑や部落人名総鑑の流布、差別・偏見に満ちた書き込みや情報の拡散など、きわめて深刻な状況になっている。奈良や尼崎《あまがさき》、福山《ふくやま》など各地で取り組まれているインターネットのモニタリング事業の取り組みを参考に、インターネット上の部落差別の実態調査を実施すべきである。

●部落出身者の被差別体験の聞き取り調査

取り組むべき調査の第六は、部落解放運動団体と連携した部落出身者の被差別体験の聞き取り調査である。同和対策審議会答申が「最後の越え難い壁」と述べた結婚差別など、差別事件として発覚していない、すなわち泣き寝入りや我慢を余儀なくされている部落出身者の被害実態を明らかにすることである。これは当事者の協力を得ることなしに実施することがむずかしい部落差別の実態把握である。障害者差別解消法や障害者差別解消条例を実現した障害者運動も、まず最初に取り組んだことが当事者から被差別体験の事例を集める調査だった。相談体制の充実や教育・啓発の実施にあたってこれらの実態把握は不可欠である。

部落差別解消推進法案提出議員と連携し、こうした部落差別解消推進法の具体化へむけた政策要望を早急にとりまとめるとともに、政府に対してその実現を求める同和問題解決・人権政策確立要求運動を進める必要がある。

実態調査と部落の所在地情報

「部落差別の解消に関する施策の実施に資するため」の実態調査に取り組むにあたって、部落を対象とした調査が個人情報の保護に違反するという考え方がある。たとえば国勢調査データを使って部落の実態を把握しようとすれば、どこが部落なのかを特定したうえで、そのデータだけを取り出す必要がある。部落の所在地情報は部落出身者を特定するために必要な情報であり、悪用されれば部落差別につながる情報である。

◉大阪府の人権問題府民意識調査から

大阪府が実施した「人権問題に関する府民意識調査報告書」(二〇一一年三月)を見ると、「同和問題については知らない」という回答が無回答を除くと二・六%になっている。つまり九六・四%の府民が「日本社会において、同和問題や部落問題などと呼ばれている差別の問題があることを」知っている。そこで同和問題があることを知っているという回答者に「一般的に、世間ではどのようなことで同和地区出身者と判断していると思いますか」と尋ねたところ、「本人が現在、同和地区に住んでいる」が四一・四％でもっとも高く、次いで「本人の本籍地が同和地区である」が三一・八％、「本人の出生地が同和地区である」が三〇・二％であった。同和地区出身者を見分ける判断基準に「住所地」「本籍地」「出生地」が用いられている。これらの判断基準に共通しているのは「部落」という土地と人との関係性である。部落出身者とは、部落と見なされる土地と何らかの関係をもった人として認識されているということである。

同じ調査で「あなたは、家を購入したり、マンションを借りたりするなど、住宅を選ぶ際に、価格や立地条件などが希望にあっていても、次のような条件の物件の場合、避けることがあると思いますか」という質問に、「同和地区の地域内である」という場合、避ける（「避ける」「どちらかといえば避ける」の合計）という回答は五四・九％と半数を超えている。「小学校区が同和地区と同じ区域になる」場合でも、避けるという回答は四三・〇％にのぼっている。さらに「結婚相手を考える際に、気になること（なったこと）はどんなことですか」という質問に、「同和地区出身かどうか」が気になる（なった）という回答は二〇・六％となっている。一方で「結婚する際に、興信所や探偵業者などを使って相手の身元調査を行うこと」に問題がない（「問題なし」「どちらかといえば問題なし」の合計）と回答した人は三七・二％であった。

◉部落の所在地情報がもつ二面性

こうした意識が実際に部落差別行為となるためには、部落の所在地情報、すなわちどこが部落なのかという情報が不可欠なのである。戸籍や住民票がその本来の目的とは別に悪用され、部落の所在地情報と突き合わされることによって結婚差別や就職差別に利用されている現実はまさにその証《あか》しである。

部落差別解消推進法が述べたように、「情報化の進展に伴って部落差別に関する状況の変化が生じている」。全国の部落の所在地情報や部落出身者の名前、住所、電話番号がインターネット上で公開されている現状において、先に述べたような差別意識はいとも簡単に土地差別調査や結婚差別調査としてあらわれてくることは容易に想像できる。

しかし、一方で部落の所在地情報は部落差別解消のために必要不可欠な情報でもある。障害者が障害のない人と同じように日常生活、社会生活を営んでいくために必要な障害者福祉サービスを提供するためには、障害者を特定する必要があるのは当然であるし、部落内外の交流を促進したり、差別のない人権のまちづくりを進めるためにも部落を特定することが必要である。差別をなくそうという教育や啓発だけでは差別はなくならない。

部落差別の解消のための施策を講ずるにあたって、加害の実態とあわせて部落差別による被害がどのようにあらわれているのかを把握しなければならないのは当然のことである。「どこ」に住んでいる人、「どこ」で生まれた人、「どこ」に本籍を置いている人がどのような差別被害を被っているのか、「どこ」の土地が調べられ忌避されているのか。その土地が「どこ」なのかを特定せずして部落差別の実態を正確に把握することはできないのである。

部落差別の解消とは、部落や部落出身者であることを隠したりわからなくすることではない。部落で生まれても、部落に住んだことがあっても、部落に住んでいても、部落に本籍があっても、その人が差別されない社会を実現するということである。部落という土地と何らかの関係を有する事実を卑下する必要のない、差別を許さず差別のない人権のまちづくりを進めてきた故郷を誇ることができる社会関係を築くことである。

個人情報の保護と同和地区の所在地情報

繰り返すが、同和地区の所在地情報は差別につながる恐れのある情報であり、部落差別解消推進法にもとづき「部落差別の解消に関する施策の実施に資するため」の実態調査を実施するにあたっては、個人情報保護法制にのっとった対応が必要である。

地対財特法失効後、大阪府が関係市町の協力を得て同和地区を対象とした二度の実態調査を実施しているが、その際にも大阪府個人情報保護条例や関係市町の条例をふまえた適切な対応をおこなっている。

すなわち、地対財特法失効後の同和問題解決のための取り組みの成果と課題を検証するために同和地区（旧同和対策事業対象地域）の所在地情報を収集することを、大阪府個人情報保護審議会に諮問し、了承を得たということである。

同和地区を対象とした調査が実施できないのではなく、個人情報保護法制を遵守した調査の実施が不可欠だということである。

◉個人情報保護法にのっとって実態調査を

改正個人情報保護法が本年（二〇一七年）五月三〇日に全面施行された。改正個人情報保護法では、個人情報とは「生存する個人に関する情報」であり、「特定の個人を識別することができるもの（他の情報と容易に照合することができ、それにより特定の個人を識別することができることとなるものを含む。）」とされている。また「要配慮個人情報」について「本人の人種、信条、社会的身分、病歴、犯罪の経歴、犯罪により害を被った事実その他本人に対する不当な差別、偏見その他の不利益が生じないようにその取扱いに特に配慮を要するものとして政令で定める記述等が含まれる個人情報をいう」とされている。しかし、改正個人情報保護法の目的はあくまでも「個人情報の適正な取扱い」と「個人の権利利益の保護」であり、同和地区の所在地情報であっても、国や地方公共団体が部落差別解消推進法にもとづき必要とされる調査を実施するためならば、「適正な取扱いが確保されるよう必要な措置」を講じて収集すれば問題はないのである。

改正個人情報保護法にもとづき示された「個人情報の保護に関する基本方針」においても「個人情報の保護と適正かつ効果的な活用のバランスを考慮した取組」を求めており、「社会的な必要性があるにもかかわらず、法の定め以上に個人情報の提供を控えたり、運用上作成可能な名簿の作成を取りやめたりするようなことを防ぐためには、個人情報を取り扱う各主体及び個人情報によって識別される特定の個人の双方における法の正しい理解が不可欠である」と述べている。

社会的差別禁止法、人権侵害救済法へ

部落解放・人権研究所では、二〇一七年度から部落差別の調査研究部門を「部落の歴史」の調査研究部門（部門長＝朝治武）と「部落差別」の調査研究部門（部門長＝北口末広）に分離した。「部落差別」の調査研究部門では、部落差別解消推進法の具体化にむけた調査研究に取り組むため、全国で発覚している部落差別事件の集約分析、インターネット上の部落差別の実態調査、全国の自治体を対象にした「同和行政」の実態調査、被差別体験の聞き取り調査の実施を準備している。微力ではあるが、部落差別解消推進法の具体化、そして社会的差別禁止法、人権侵害救済法の実現へむけて全力で取り組みたい。

部落差別解消推進法と隣保館活動

中尾由喜雄

はじめに

二〇〇二年の特別措置法期限切れ以降、「もう同和問題は終わった」「同和という言葉は使わないように」「これからは同和問題以外の人権にシフトする」といった雰囲気が漂い、部落問題が解決したわけでもないのに、法失効を口実とした「同和問題」離れが進められてきました。

こうしたなかにおいても隣保館は、「同和問題解決の行政の第一線機関」としての立ち位置を明確に据え、事業を推進してきました。部落差別の存在を公的に認知し、部落差別の解消を国と地方公共団体の責務とした「部落差別の解消の推進に関する法律」（部落差別解消推進法）は、特別措置法失効から空白の一四年九カ月にわたる私たち隣保館職員のもどかしい思いを払拭し、新たな決意で隣保館活動を推進していく大きな支えとなりうるものです。

さて、この法律は、第一条の「目的」から第二条「基本理念」、第三条では「国及び地方公共団体の責務」、第四条「相談体制の充実」、第五条「教育及び啓発」、第六条で「部落差別の実態に係る調査」で成り立っていますが、第四条から第六条の事業について、国から具体的な指針やガイドライン、具体的内容が示されないまま半年が過ぎようとしており、地方も含め早急な整備が必要であると思います。

一方、隣保館では、一九六九年に定められた国の隣保館設置運営要綱で、①社会調査及び研究事業、②相談事業、③啓発・広報活動事業が隣保館の基本事業と明記され、隣保館が一般対策に移行した一九九七年以降も受け継がれ、今日にいたっています。

部落差別の解消にむけて、この法律が〝絵に描いた餅〟にならないよう、とりわけ法律の第四・五・六条を実効あるものとするため、地域の実態と全国の隣保館活動の状況をふまえ、以下の点について述べたいと思います。

相談体制の充実

部落差別解消推進法第四条がいう「相談体制」が、二〇〇一年一二月の人権擁護推進審議会の諮問第二号に対する追加答申（「人権擁護委員制度の改革について」）の内容を意図するものかどうかはともかく、〝部落差別に関する相談〟に的確に応ずるための体制の充実を明記しています。

◉隣保館の相談事業

隣保館の相談事業は、人権相談にとどまらず、就労・産業、福祉、教育、住宅、法律をはじめ、生活全般にわたる「何でも相談」（ワンストップ型総合相談）の場として機能してきました。しかしながら、全国八二一館の隣保館は多くが二～三人の職員体制で、そのうち一・六人は非常勤や臨時職員といった実態です。また、相談事業に対応するための専門職員が配置されているわけではなく、措置権や決裁権があるわけでもありません。話をじっくり聴き、必要であれば専門機関に〝つなぐ〟役割と、複数にわたる関係機関の〝コーディネート（調整）〟役を担ってきました。格差社会の進行とともに地域における相談ニーズはいっそう高まっているのが現実です。

二〇一五年四月から「生活困窮者自立支援法」が施行されましたが、この法が規定する自立相談支援事業をはじめ各種の任意事業と、隣保館の生活相談事業がリンクすることで、住民のニーズに有効に対応できるものと思います。また昨年（二〇一六年）、国が打ち出した「地域共生社会」の実現にむけて、隣保館が社会資源の一翼として地域住民のニーズに応えていくことが重要と考えます。

◉差別事象の相談

就職時や職場での差別事象、結婚・交際時の差別事件などが隣保館に寄せられます。悪質な事案は本人や家族、当事者団体と相談し、法務局や関係機関に上げますが、そんなに多くあるわけではありません。深刻な部落差別ほど表に現れず、〃当人だけの胸に納め、じっと我慢する〃といったケースが多いかと推測します。

私の体験的なものでは、「館長、ちょっと話聞いて……」から始まるものが多かったように思います。「孫娘が付き合っている男性が地区外の子らしい。まだ結婚の約束はしてないようやけど、もし差別受けて孫娘に何かあったら……と思うと夜も眠られん」。具体的な差別があったわけではないのに、自分の体験から孫娘を想う気持ちが不安を煽《あお》り、不眠症にまで陥れる。二時間、三時間じっくり話を聴いて、「心配する気持ちはようわかる。もし変わったことや孫娘の様子がおかしかったら、すぐに知らせて。それまでは、じっと見守ってやろう」。これで眠れるようになりました。一方、孫娘に「おばあちゃん、心配してたで」と言うと、「部落やいうて差別する男は最低～。こっちが別れたるわ!」。よう言うた!……

こういった日常のちょっとしたやり取りができる場所が隣保館であり、寄り添える人が身近にいる地域づくり、人と人のつながりを大切にするまちづくりの拠点が隣保館であると思います。

身元調査差別事件や土地差別事件、氾濫するインターネット上の差別書き込み、「全国部落調査・復刻版」販売といった確信犯的な差別行為などを規制する差別禁止法や、救済法は絶対に必要です。バックボーンとなる法律ができることで、隣保館の相談活動がより充実・強化されるものと確信します。

教育及び啓発

特別措置法失効後、学校や職場、地域などで部落差別に関する教育・啓発の機会が減少しています。とくに若い世代では、「同和問題」そのものすら知らないといった傾向が高まっており、部落差別解消推進法第五条をいかに具体事業として実施していくかが大きな課題となります。その実施機関のひとつとして隣保館の役割は大きいものと自覚しています。

二〇〇〇年の「人権教育・啓発推進法」（「人権教育及び人権啓発の推進に関する法律」）を受け、二〇〇二年に国から「人権教育・啓発基本計画」が出されましたが、その第四章の「2 各人権課題に対する取組」「（5）同和問題」では、隣保館について「社会福祉施設である隣保館においては……周辺地域を含めた地域社会全体の中で、福祉の向上や人権啓発の住民交流の拠点となる開かれたコミュニティーセンターとして総合的な活動を行い、更なる啓発活動を推進する」として、隣保館が以降も「同和問題啓発の拠点施設」であることを明記しています。また、関係府県や隣保館を設置・運営する市町村の総合推進指針や実行計画でも、同様の内容で隣保館を位置づけています。

◉隣保館の教育・啓発事業

ここで、これまでの隣保館における教育・啓発事業をざっと振り返ると、当初、隣保館の教育・啓発事業の対象は地区児童や地区住民でした。とりわけ子どもの教育環境がたいへん厳しく、学校だけでは十分な基礎教育の保障が困難であったため、社会教育として学力補充学級（解放学級など）や子ども会活動が多くの隣保館で行われました。そこでは、学科の勉強だけでなく、〝差別に負けない、許さない……〟強くたくましい人間に育ってほしいという地域の願いを教育事業で実現しようという強い思いがありました。また、識字学級をはじめ当事者としての主体性を高める教育活動が隣保館を舞台に行われました。このような教室に学校現場の先生方や行政職員がかかわりをもったり、フィールドワークで部落差別の実態を肌身で学ぶといったことで、部落差別の歴史や実態を目の当たりにし、学校教育や行政施策に活《い》かせたことも多かったと思います。

また、周辺を含めた教育・啓発事業では、部落問題に限らず幅広い人権問題の学習が、「人権教育・啓発推進法」が施行される二〇年以上も前から行われ、平和学習や環境問題なども含め幅広い社会問題について教育・啓発事業を隣保館は行ってきました。

◉地区内外の〝つながり〟づくり

一九八〇年代から全国隣保館連絡協議会（全隣協）は、地区内外の交流活動を重点課題として全国の隣保館に訴えました。隣保館の基本的な使命は、部落差別に起因する地区住民の生活課題に相談事業などでいかに応えていくか、であることはいうまでもありません。もうひとつは、部落差別によって、地区と地区外の〝人と人とのつながりが切られている〟といった状況があります。地区外住民は差別と偏見で地区（住民）を忌避します。一方、地区住民はこれまで受けてきた被差別体験から、警戒感をもったり臆病になっています。切られている地区内外のつながりを再構築する――このことを率先して行うのは隣保館であると位置づけ、具体的には、地区住民だけで行われていた各種教室や地域福祉事業に積極的に地区外住民の参加を促す取り組み、祭りや文化祭などの年間行事・イベントを周辺地区の自治会・老人会・子ども会と共催で開催する、一般のサークル活動などに隣保館を開放するなどで、地区内外住民がじかに接する機会を多くし、〝つながり〟のきっかけづくりをしてきました。こうした隣保館の取り組みで、いまでは、隣保館を利用しているのは地区住民だけといった隣保館はほとんどありません。〝人権啓発の住民交流の拠点となる開かれたコミュニティーセンターとして総合的な活動〟が定着し、広域の教育・啓発交流の場として発展しています。

◉当事者の自己教育・啓発

こうした隣保館における教育・啓発事業の移り変わりのなかで、一貫して大事にしてきたことがあります。教育・啓発というと、とかく当事者以外に対するものととらえがちですが、それにも増して重要なことは、識字教室に象徴される当事者自らの自己教育・啓発の視点です。隣保館の講座で、地域高齢者の「生きてきた道」を聴くことで大いに触発された、部落差別は部落の人の問題ではなくてみんなの問題であると理解できた、といった声をよく聞きます。水平社宣言のいう〝人間を尊敬する事によって自ら解放せんとする者の集団運動〟の人材育成をいかに進めていくか――これまで隣保館が実施してきた教育・啓発交流事業をふまえ、部落差別解消推進法第五条の重要な実施機関として取り組むことがますます重要であると考えます。

部落差別に係る実態調査

部落差別解消推進法第六条でいわれる実態調査は、「意識調査」に視点が置かれるものと推測します。これはこれで必要な調査ですが、あわせて生活実態調査が行われることが重要であると思います。

◉行政データ調査からみえる実態

二〇一一（平成二三）年度社会福祉推進事業（厚生労働省補助事業）として行われた、行政データ調査「今後隣保館が取り組むべき地域福祉課題を明らかにする実態調査」（隣保館を設置する四〇〇市町村）では、同和地区にみられる顕著な傾向として、以下のような実態が明らかになっています。

○地域の所得状況は、住民税非課税人口が四七・四％（当該市町村三三・八％）と明らかな格差を示している。
○生活保護世帯は五・一八％（当該市町村二・五七％、全国二・三四％）で二倍となっている。
○障がい者率は五・九一％（当該市町村四・四六％）と高率を示し、介護保険要支援・要介護認定者も高率となっている。

○母子世帯が三・四％（当該市町村一・五％）を占め、一人暮らし高齢者世帯が多い。
○次代を担う子どもの進路は、市町村立中学校の卒業者の進学等の状況では、全日制高等学校の進学率が九〇・三％（当該市町村九二・四％）と依然格差がみられる。

以上のような格差は、都市部ではさらに大きいものになっています。

この調査は三区分（旧同和対策対象地区、地区を含む小学校地域、隣保館がある市町村全域）の行政データを抽出したもので、一九九三（平成五）年に国が行った「同和地区実態把握等調査」のように同和地区出身者の実態そのものを表すものではありませんが、地区に在住する住民の生活課題が如実に表れています。部落差別解消推進法を根拠に、隣保館のない地区も含めた実態調査が行われるかどうかが鍵になると思います。

●実態把握と事業効果測定は不可欠

国の隣保館設置運営要綱では、隣保館の基本事業のひとつに「社会調査及び研究事業」があげられています。地域の実態把握と事業実施の効果測定は隣保館事業にとって不可欠な要素で、事業の対象となるエリアの高齢者や障害者など、社会的援護を要する人たちのニーズ把握から、必要な事業を効果的に実施できます。

相談事業で来館する住民は、本人の了解のうえで隣保館が情報を把握することができますが、それ以外の生活保護世帯や障害者、要介護者のニーズはつかめません。状況把握のために関係所管に尋ねると、返ってくるのは〝個人情報を教えるわけにはいかない〟の一言。もっともなことです。

阪神《はんしん》・淡路《あわじ》大震災以降、全国各地で地域自主防災活動が自治会や町内会を単位に行われています。地域自主防災活動は、まず、そのエリア内にどんな人が住んでいるかという地域情報をお互いが共有するところから始まり、さまざまな場合を想定して、危難を乗り越える訓練・活動です。この活動を隣保館が拠点となって行うことで、おのずと地域情報を把握することができます。加えて、多くの隣保館は、緊急時の地域の避難施設として位置づけられています。今後、全国の隣保館がこの活動を積極的に推進することで、実態把握の一助になると考えます。

数字としての実態把握とともに、隣保館だからこそできることがあります。相談活動やちょっとした機会に、住民の困ったことやこれまでの被差別体験を打ち明けられることがあります。そういった事例や「生の声」を集約・整理し、必要な場合に備える、ということも隣保館における実態把握の重要な役割であると考えます。

おわりに

部落差別解消推進法ができたことを多くの国民は知らないと思います。全隣協では、二〇一七年度の重点事業のひとつとして、〝「部落差別の解消の推進に関する法律」が制定されました〟というポスターをすべての隣保館に掲示するとともに、学習会や研修会、講演会を実施することを決定しました。

　本法律の制定にむけて尽力された関係各位に感謝申し上げますとともに、差別禁止法、人権侵害救済法の成立にむけて、さらにステップアップするため、全隣協はともにがんばりたいと思います。

部落解放基本法案からみた部落差別解消推進法

友永健三

部落差別解消推進法の制定

二〇一六年一二月九日、「部落差別の解消の推進に関する法律」（部落差別解消推進法）が参議院本会議で、日本共産党を除く会派の議員の賛成多数により可決・成立し、一二月一六日から公布・施行されました。

この法律は、一九六九年七月から施行された同和対策事業特別措置法以降、名称変更などを伴いながら二〇〇二年三月末まで三三年間存在していた「特別措置法」とは、基本的に異なった性格の法律です。

一連の「特別措置法」は、期限が定められた法律（時限立法）でしたが、今回の法律には期限が定められていません。また、「特別措置法」は、具体的な事業を実施するための法律で、しかも国が地方公共団体の実施する事業に対して財政上の特別措置を講ずることが定められていましたが、今回の法律は、国による財政上の特別措置を講ずることが定められたものではありません。

今回制定された法律は、部落差別が許されないものであるとの認識を明確にし、部落差別の解消を推進し、もって部落差別のない社会を実現しようという「理念」を法律として定めているという意味で、「理念法」であるとの性格づけが行われています。

とはいえ、部落差別解消推進法は、単なる理念をうたっただけの法律ではありません。第四条では、部落差別に関する相談に的確に応ずるための体制の充実を、第五条では、部落差別を解消するため、必要な教育及び啓発を行うことを、国ならびに地方公共団体に求めています。また、第六条では、国に対して、地方公共団体の協力を得て、部落差別の解消に資するため、部落差別の実態に係る調査を行うことを求めています。

その点では、部落差別の現状をふまえ、部落差別の解消にむけた大枠を法律に盛り込んでいるという意味において、「基本法」的な性格をもった法律であるということができます。

筆者は、今回の法律が制定されたとの知らせに接したとき、一九八五年五月以降、その制定を求めつづけてきた部落解放基本法が、部分的ではあるものの、あたかも「伏流水」のように実現したとの思いを強くしましたが、このような思いをいだかれた方は少なくないのではないかと思います。

本稿では、今回制定された法律と部落解放基本法案との比較を行い、今後の課題を述べます。

部落解放基本法の制定が、なぜ求められたのか？

一九八五年五月から、部落解放基本法の制定を求めた国民運動は展開されました。

部落解放基本法の制定が求められた要因としては、以下の三点をあげることができます。

一点目には、同和対策事業特別措置法や地域改善対策特別措置法にもとづくとりくみの限界が明確になってきたことです。具体的には、住環境面の改善などにおいて「特別措置法」は役に立ったが、一九七五年一一月以降発覚してきた「部落地名総鑑」差別事件に代表される差別事件に対してはまったく役に立たないことが明確になってきたことです。

二点目には、戦後、国ならびに地方公共団体、さらには国民が部落問題解決にとりくむことになった原点ともいうべき同和対策審議会答申（一九六五年八月）の基本精神に立ち戻ることからです。この答申では、前文において部落問題解決の重要性が強調され、住環境の改善、社会福祉の増進、産業・職業の安定、教育・文化の向上、人権の擁護（人権侵害の被害者救済のための新たな機構の設置と差別に対する法的規制を含む）にかかわった施策を総合的・計画的に実施することが求められていました。

三点目には、差別撤廃の国際的な潮流から学んだことです。具体的には、「あらゆる形態の人種差別の撤廃に関する国際条約」（人種差別撤廃条約）の枠組みを参考にしたことです。人種差別撤廃条約では、人種差別を撤廃するために、この条約を締結した国に対して、差別の結果生じている劣悪な実態の特別措置による改善（ただし、目的が達成されたならば特別措置は廃止）、差別の禁止、被害者の救済、教育・啓発による差別意識の撤廃などを求めていました。

部落解放基本法案の内容

部落解放基本法案は、本文一四条と附則から構成されています。（部落解放基本法案全文については、巻末資料を参照）

それぞれの条文を簡単に紹介すると、第一条は「目的」規定で、「部落差別が人間の尊厳を侵し、社会的に存在を許されないものであること」、「部落問題の根本的かつ速やかな解決を図るため、国、地方公共団体及び国民の責務を明らかに」し、「施策の目標及びその目標を達成するための基本となる事項を定め」、「もって差別のない民主社会の発展に寄与することを目的とする」とされています。

第二条では「国及び地方公共団体の責務」が、第三条では「国民の責務」がうたわれています。

第四条では「施策の目標」が、「部落問題を解決するための施策の目標は、国民の部落問題に関する正しい認識を確立し、部落差別事象の発生を防止し、及び同和地区の関係住民の社会的経済的地位の向上を図ることにより、同和地区の関係住民が平等の権利その他日本国憲法が保障する基本的人権を享有することができる条件を確保することにあるものとする」と定められています。

第五条では「部落問題に関する知識の普及啓発等」が、第六条では「人権擁護活動の推進」が規定されています。

第七条では「部落差別の規制等」として、「部落差別事象の発生を防止するため、部落差別を助長する身元調査活動の規制、雇用関係における部落差別の規制等必要な法制上の措置を講じなければならない」とした規定が盛り込まれています。

第八条では「部落差別の被害者に対する救済制度」として、「国は、部落差別の被害者に対する救済制度を確立するため、人権委員会の設置等必要な法制上の措置を講じなければならない」と、新たな人権救済機関設置の必要性にまで踏み込んだ規定がなされています。

第九条では「同和対策事業」、第一〇条では「行政組織の整備」、第一一条では「調査」、第一二条では「報告」にかかわった規定が盛り込まれています。

そして、第一三条、第一四条は「部落解放対策審議会」に関する規定で、「内閣総理大臣又は関係大臣の諮問に応じ、部落問題に関する重要事項を調査審議する」ため、「部落問題に関し学識経験のある者」二〇人によって構成するとされています。

附則では、「この法律は、公布の日から施行する」と定められています。

以上、本文一四条からなる部落解放基本法案を主な構成要素別に分類すると、①「宣言法的部分」＝第一条や第四条、②「教育・啓発法的部分」＝第五条、③「規制法的部分」＝第七条、

部落解放基本法案と部落差別解消推進法の比較一覧

名称＝部落解放基本法案	名称＝部落差別解消推進法
第1条（目的）	第1条（目的）
	第2条（基本理念）
第2条（国及び地方公共団体の責務）	第3条（国及び地方公共団体の責務）
第3条（国民の責務）	
第4条（施策の目標）	
第5条（部落問題に関する知識の普及啓発等）	第5条（教育及び啓発）
第6条（人権擁護活動の推進）	第4条（相談体制の充実）
第7条（部落差別の規制等）	
第8条（部落差別の被害者に対する救済制度）	
第9条（同和対策事業）	
第10条（行政組織の整備）	
第11条（調査）	第6条（部落差別の実態に係る調査）
第12条（報告）	
第13条・第14条（部落解放対策審議会）	
附則	附則

④「救済法的部分」＝第六条や第八条、⑤事業法的部分＝第九条、⑥組織法的部分＝第一〇条や第一三条、第一四条と整理することができます。

部落解放基本法案と部落差別解消推進法との比較

一九八五年五月から制定運動がとりくまれた部落解放基本法案と、今般成立した部落差別解消推進法とを比較したものが、上に掲載した比較一覧です。

この一覧をみて明らかなように、両者とも、名称に「部落解放」「部落差別解消推進」を使用し、三三年間使用されてきた「同和対策」「地域改善対策」などの名称を使用していない点は注目されます。

つぎに、本文で両者にほぼ同様の規定があるものは、「目的」（両者とも第一条）、「国及び地方公共団体の責務」（第二条と第三条）、「教育・啓発」（両者とも第五条）、「相談体制の充実」（第六条と第四条）、「調査」（第一一条と第六条）です。

一方、部落解放基本法案にあって部落差別解消推進法にない規定は、「国民の責務」（第三条）、「施策の目標」（第四条）、「部落差別の規制等」（第七条）、「部落差別の被害者に対する救済制度」（第八条）、「同和対策事業」（第九条）、「行政組織の整備」（第一〇条）、「報告」（第一二条）、「部落解放対策審議会」（第一三条・第一四条）です。

なお、部落差別解消推進法にあって部落解放基本法案にない条文として「基本理念」（第二条）がありますが、後者の「施策の目標」（第四条）に類似の規定がなされています。

両者を比較してわかることの第一点は、部落差別解消推進法が部落解放基本法案に盛り込まれた内容を部分的に実現したものであることです。

この点を、主な構成要素別分類でみると、部落差別解消推進法は部落解放基本法案の「宣言法的部分」「救済法的部分（とくに相談の部分）」「教育・啓発法的部分」を実現しているといえます。

第二点としては、部落差別解消推進法には部落解放基本法案に盛り込まれていたいくつかの重要な規定が欠落しているという点です。このうち、「同和対策事業」（第九条）に関しては、三三年間「特別措置法」にもとづく事業が実施された結果、住環境面を中心に一定の改善がみられ、一九九六年五月に出された地域改善対策協議会意見具申によって、「一般施策の活用」で残された格差を是正していくとした方向が示されていますので、①「部落差別の規制等」（第七条）、②「部落差別の被害者に対する救済制度」（第八条）、③「部落解放対策審議会」（第一三条・第一四条）に関する規定が盛り込まれていない点を、問題点としてあげることができます。

これを、主な構成要素別分類でみると、部落差別解消推進法は部落解放基本法案の「規制法的部分」「救済法的部分」「組織法的部分（とくに審議会の設置にかかわった部分）」が欠落しているといえます。

部落差別解消推進法制定後の課題

二〇一六年一二月一六日から部落差別解消推進法が公布・施行されていること、この法律と部落解放基本法案とを比較すると、いくつかの重要な分野のとりくみを可能とする規定が欠落していることを考慮したとき、今後の課題として以下の諸点をあげることができます。

一点目に、部落差別解消推進法が制定されたことを各方面に普及・宣伝すること。とりわけ、この点は、この法律が制定されたことをメディアがあまり大きく取り上げなかった点を考慮したとき、重要です。

二点目に、この法律を、国と地方公共団体のレベルで、早急に具体化することを求めていくことです。とりわけ、部落差別の被害者に対する相談体制の充実・強化を求めていくこと、部落差別解消にむけた教育・啓発を推進していくこと、この法律で求められている施策を効果的に推進するために役立つ実態調査を実施すること——を求めていくことが必要です。

三点目に、部落差別の被害者に対する相談の状況を集約し分析すること、部落差別にかかわる市民の意識に関する実態を調査し分析すること、部落差別にかかわる差別事件（インターネット上の部落差別情報を含む）の実態を把握し分析すること――が求められています。

四点目に、上記の集約と分析は、国レベルはもとより地方公共団体レベルにおいても求められていますが、その際、当事者を含む専門家の参画が必要です（このための組織を法律や条例にもとづいて設置した場合、審議会がつくられることになります）。

五点目に、部落差別の被害者に対する相談状況の集約と分析の結果、現状の相談体制では限界があることが明らかになった場合、かねてからその設立が求められている「人権委員会」を設置するための法制度の整備が求められてきます。また、部落差別にかかわる差別事件（インターネット上の部落差別情報を含む）の実態を把握し分析することのなかから、現行の法律や制度では有効な対応ができないことが明らかになってきた場合、差別に対する法的規制が求められてきます。

施行七〇年の日本国憲法具体化の実現を

二〇一七年五月三日で、日本国憲法が施行されて七〇年になりました。周知のように、この憲法の第一四条第一項では「すべて国民は、法の下に平等であって、人種、信条、性別、社会的身分又は門地により、政治的、経済的又は社会的関係において、差別されない」と規定されています。

この規定の「社会的身分」に部落差別が含まれていましたが、日本国憲法施行後も部落差別は一向に解消されませんでした。このため、部落問題の解決にむけて国の本格的なとりくみを求めた国民運動が展開され、一九六五年八月に同和対策審議会答申が出され、同和問題の解決の責務が国にあり、同時に国民的課題であることが明確にされたのです。

この答申が出されたことを受けて、同和問題の解決にむけて、どのような法律を制定するのかについて議論がありました。そのなかで、「同和対策基本法」を制定すべきだとの主張も出されましたが、最終的には同和対策事業特別措置法が制定されることとなりました。

そして、この「特別措置法」が一五年余実施された一九八五年五月に、「特別措置法」にもとづくとりくみの限界を反省することのなかから、部落解放基本法案がとりまとめられ、その制定が求められましたが、部落解放基本法そのものは実現されないまま、今日にいたっているのです。

このような歴史的な経緯をふまえたとき、今般、公布・施行された部落差別解消推進法は、日本国憲法第一四条第一項に盛り込まれた「社会的身分」による差別を解消するための法律として重要な使命を帯びたものであるということができます。

部落差別解消推進法の普及・宣伝と、国ならびに地方公共団体レベルでの早急な具体化、その延長線上での人権侵害救済のための法制度の整備と、悪質な差別に対する法的規制を実現することによって、部落差別の解消にむけた確かな展望を切り拓いていくことが求められています。

資料

部落差別の解消の推進に関する法律

法律第百九号（平二八・一二・一六）

（目的）

第一条　この法律は、現在もなお部落差別が存在するとともに、情報化の進展に伴って部落差別に関する状況の変化が生じていることを踏まえ、全ての国民に基本的人権の享有を保障する日本国憲法の理念にのっとり、部落差別は許されないものであるとの認識の下にこれを解消することが重要な課題であることに鑑み、部落差別の解消に関し、基本理念を定め、並びに国及び地方公共団体の責務を明らかにするとともに、相談体制の充実等について定めることにより、部落差別の解消を推進し、もって部落差別のない社会を実現することを目的とする。

（基本理念）

第二条　部落差別の解消に関する施策は、全ての国民が等しく基本的人権を享有するかけがえのない個人として尊重されるものであるとの理念にのっとり、部落差別を解消する必要性に対する国民一人一人の理解を深めるよう努めることにより、部落差別のない社会を実現することを旨として、行われなければならない。

（国及び地方公共団体の責務）

第三条　国は、前条の基本理念にのっとり、部落差別の解消に関する施策を講ずるとともに、地方公共団体が講ずる部落差別の解消に関する施策を推進するために必要な情報の提供、指導及び助言を行う責務を有する。

2　地方公共団体は、前条の基本理念にのっとり、部落差別の解消に関し、国との適切な役割分担を踏まえて、国及び他の地方公共団体との連携を図りつつ、その地域の実情に応じた施策を講ずるよう努めるものとする。

（相談体制の充実）

第四条　国は、部落差別に関する相談に的確に応ずるための体制の充実を図るものとする。

2　地方公共団体は、国との適切な役割分担を踏まえて、その地域の実情に応じ、部落差別に関する相談に的確に応ずるための体制の充実を図るよう努めるものとする。

（教育及び啓発）

第五条　国は、部落差別を解消するため、必要な教育及び啓発を行うものとする。

2　地方公共団体は、国との適切な役割分担を踏まえて、その地域の実情に応じ、部落差別を解消するため、必要な教育及び啓発を行うよう努めるものとする。

（部落差別の実態に係る調査）

第六条　国は、部落差別の解消に関する施策の実施に資するため、地方公共団体の協力を得て、部落差別の実態に係る調査を行うものとする。

附　則

この法律は、公布の日から施行する。

（総務・法務・文部科学・内閣総理大臣署名）

【附帯決議】

部落差別の解消の推進に関する法律案に対する附帯決議

平成二十八年十一月十六日
衆議院法務委員会

政府は、本法に基づく部落差別の解消に関する施策について、世代間の理解の差や地域社会の実情を広く踏まえたものとなるよう留意するとともに、本法の目的である部落差別の解消の推進による部落差別のない社会の実現に向けて、適正かつ丁寧な運用に努めること。

部落差別の解消の推進に関する法律案に対する附帯決議

平成二十八年十二月八日
参議院法務委員会

国及び地方公共団体は、本法に基づく部落差別の解消に関する施策を実施するに当たり、地域社会の実情を踏まえつつ、次の事項について格段の配慮をすべきである。

一　部落差別のない社会の実現に向けては、部落差別を解消する必要性に対する国民の理解を深めるよう努めることはもとより、過去の民間運動団体の行き過ぎた言動等、部落差別の解消を阻害していた要因を踏まえ、これに対する対策を講ずることも併せて、総合的に施策を実施すること。

二　教育及び啓発を実施するに当たっては、当該教育及び啓発により新たな差別を生むことがないように留意しつつ、それが真に部落差別の解消に資するものとなるよう、その内容、手法等に配慮すること。

三　国は、部落差別の解消に関する施策の実施に資するための部落差別の実態に係る調査を実施するに当たっては、当該調査により新たな差別を生むことがないように留意しつつ、それが真に部落差別の解消に資するものとなるよう、その内容、手法等について慎重に検討すること。

部落解放基本法（案）

一九八五年（昭和六〇）五月二四日
部落解放基本法制定要求国民運動中央実行委員会

（目的）

第一条　この法律は、部落差別が人間の尊厳を侵し、社会的に存在を許されないものであることにかんがみ、法の下の平等を定め、すべての国民に基本的人権の享有を保障する日本国憲法の理念にのっとり、部落問題の根本的かつ速やかな解決を図るため、国、地方公共団体及び国民の責務を明らかにするとともに、その施策の目標及びその目標を達成するための基本となる事項を定め、もって差別のない民主社会の発展に寄与することを目的とする。

（国及び地方公共団体の責務）

第二条　国は、前条の目的を達成するため、その政策全般にわたり、必要な施策を総合的に講ずることにより、部落問題の根本的かつ速やかな解決を図る責務を有する。

2　地方公共団体は、前条の目的を達成するため、その区域内における部落問題の速やかな解決を図る責務を有する。

3　国及び地方公共団体は、部落問題を解決するための施策が円滑に実施されるよう相互に協力しなければならない。

（国民の責務）

第三条　すべて国民は、この法律の趣旨を理解して、相互に基本的人権を尊重するとともに、国及び地方公共団体が実施する部落問題を解決するための施策に協力するよう努めなければならない。

（施策の目標）

第四条　部落問題を解決するための施策の目標は、国民の部落問題に関する正しい認識を確立し、部落差別事象の発生を防止し、及び同和地区（歴史的社会的理由により生活環境等の安定向上が阻害されている地域をいう。以下同じ。）の関係住民の社会的経済的地位の向上を図ることにより、同和地区の関係住民が平等の権利その他日本国憲法が保障する基本的人権を享有することができる条件を確保することにあるものとする。

（部落問題に関する知識の普及啓発等）

第五条　国及び地方公共団体は、国民の部落問題に関する正しい認識を確立するため、教育活動、文化活動、広報活動等を通じて、部落問題に関する知識の普及啓発及び人権思想の普及高揚に努めなければならない。

（人権擁護活動の推進）

第六条　国及び地方公共団体は、同和地区の関係住民に対する人権擁護活動の強化を図るため、人権擁護機関の充実、人権相談活動の推進等に努めなければならない。

（部落差別の規制等）

第七条　国は、部落差別事象の発生を防止するため、部落差別を助長する身元調査活動の規制、雇用関係における部落差別の規制等必要な法制上の措置を講じなければならない。

（部落差別の被害者に対する救済制度）

第八条　国は、部落差別の被害者に対する救済制度を確立するため、人権委員会の設置等必要な法制上の措置を講じなければならない。

（同和対策事業）

第九条　国及び地方公共団体は、同和地区の関係住民の社会的経済的地位の向上を図るため、次の各号に掲げる事項に係る施策を講じなければならない。

一　同和地区における生活環境の改善

二　同和地区における社会福祉及び公衆衛生の向上及び増進

三　同和地区における農林漁業及び中小企業の振興

四　同和地区の関係住民の雇用の促進及び職業の安定

五　同和地区の関係住民に対する学校教育及び社会教育の充実

六　その他同和地区の関係住民の社会的経済的地位の向上を図るために必要な事項

2　前項の施策は、有機的連携の下に総合的かつ計画的に策定され、及び実施されなければならない。

3　政府は、第一項の施策の実施に必要な財政上の措置を講じなければならない。

（行政組織の整備）

第一〇条　国及び地方公共団体は、部落問題を解決するための施策を推進するための行政組織の整備に努めなければならない。

（調査）

第一一条　政府は、五年ごとに、同和地区の実態その他部落問題に関する実態を調査し、その結果を公表しなければならない。

（報告）

第一二条　政府は、毎年、国会に、部落問題を解決するために講じられた施策及び講ずべき施策に関する報告書を提出しなければならない。

（部落解放対策審議会）

第一三条　総務庁に、部落解放対策審議会（以下審議会という。）を置く。

２　審議会は、内閣総理大臣又は関係大臣の諮問に応じ、部落問題に関する重要事項を調査審議する。

３　審議会は、前項に規定する事項に関し、内閣総理大臣又は関係大臣に意見を述べることができる。

第一四条　審議会は、委員二〇人以内で組織する。

２　委員は、部落問題に関し学識経験のある者のうちから、内閣総理大臣が任命する。

３　委員は、非常勤とする。

４　前三項に定めるもののほか、審議会の組織及び運営に関し必要な事項は、政令で定める。

附　則

１　この法律は、公布の日から施行する。

編者　奥田 均（おくだ・ひとし）　近畿大学教授

執筆者一覧（掲載順）
奥田 均*
炭谷 茂*（すみたに・しげる）　恩賜財団済生会 理事長／元 総務庁地域改善対策室長
内田博文*（うちだ・ひろふみ）　九州大学名誉教授
丹羽雅雄（にわ・まさお）　弁護士
北口末広（きたぐち・すえひろ）　近畿大学教授
金子匡良（かねこ・まさよし）　神奈川大学法学部教授
阿久澤麻理子（あくざわ・まりこ）　大阪市立大学教授
上杉孝實（うえすぎ・たかみち）　京都大学名誉教授
谷川雅彦（たにがわ・まさひこ）　部落解放・人権研究所 所長
中尾由喜雄（なかお・ゆきお）　全国隣保館連絡協議会（全隣協）常任顧問
友永健三（ともなが・けんぞう）　部落解放・人権研究所 名誉理事

＊印の筆者の原稿の初出はすべて『部落解放』2017年３月号（739号）解放出版社。
そのほかの原稿は書き下ろしです。

ガイドブック 部落差別解消推進法

2017年７月25日　初版第１刷発行
2017年10月30日　初版第２刷発行

編著者　奥田 均

発　行　株式会社 解放出版社
大阪市港区波除4-1-37 HRCビル３階　〒552-0001
電話 06-6581-8542　FAX 06-6581-8552
東京営業所　〒101-0051
東京都千代田区神田神保町2-23 アセンド神保町３階
電話 03-5213-4771　FAX 03-3230-1600
郵便振替 00900-4-75417　HP http://www.kaihou-s.com/

印刷　モリモト印刷

ISBN978-4-7592-3027-7　NDC361.86　143P　21cm
定価はカバーに表示しています。落丁・乱丁はお取り換えいたします。